재벌이 뭐가 문제인데?

7가지 문답으로 헤쳐 보는 한국 재벌

재벌이 뭐가 문제인데?
7가지 문답으로 헤쳐 보는 한국 재벌

2016년 7월 29일 1판 1쇄 인쇄
2016년 8월 1일 1판 1쇄 발행

지은이	김어진
펴낸이	한기호
편집인	김종락
출판기획	대안연구공동체
편집·디자인	프로므나드
펴낸곳	길밖의길
출판등록	2015년 7월 6일 제 2015-000211호
주소	121-839 서울시 마포구 동교로 12안길 14(서교동) 삼성빌딩 A동 2층
전화	02-336-5675
팩스	02-337-5347
이메일	kpm@kpm21.co.kr
홈페이지	www.kpm21.co.kr
ISBN	979-11-87552-01-7 02300

길밖의길은 한국출판마케팅연구소의 임프린트입니다.
책값은 뒤표지에 있습니다.

왜 우리는 재벌 문제를 말하는가?

　삼성전자 이건희 회장의 성매매 의혹이 보도됐습니다. 인터넷 독립언론 〈뉴스타파〉는 7월 21일 '삼성 이건희 성매매 의혹, 그룹차원 개입?'이라는 제목의 기사에서 이 회장이 서울 삼성동의 저택과 논현동 고급 빌라에서 4~5명의 여성을 불러 성매매를 한 의혹이 있다는 내용을 동영상과 함께 보도했습니다. 국내외적으로 파문이 일수도 있는 사건이지만 KBS를 비롯한 주요 방송과 조선, 중앙, 동아 등의 거대 언론은 조용합니다. 정치인이나 연예인 등 유명 인사의 성과 관련된 사건에서 공익성을 앞세우며 당사자의 인권도 돌아보지 않은 채 경쟁적으로 보도해 온 그동안의 행태와 다릅니다. 적어도 이 땅에서는 무소불위라 할 삼성의 대언론 권력이 느껴지는 대목입니다. 그러고 보면 〈뉴스타파〉가 이 사건을 보도하면서 뽑은 '삼성 이건희 성매매 의혹, 그룹차원 개입?'라는 제목부터가 심상치 않습니다. 이건희 회장의 성매매가 개인의 일탈에 그친 것이 아니라 그룹 차원에서 개입한 의혹이 있다는 겁니다. 대한민국 경제발전의 상징이자 간판이다시피 한 삼성이 총수 개인의 불법 행위에 개입하며 공영방송을 비롯한 거대 언론을 침묵시키거나 자발적으로 입을 다물게 하는 것은 무엇을 의미하는 것일까요? 이는 삼성그룹이 대한민국 최고의 권력임을 드러내는 동시에 이 그룹이 이건희의 개인 소유물임을 말해 주는 증거가 아닐까요? 재벌의 수많은 임직원이 한낱 총수 개인의 종일 수 있다는 걸 보여 주는 것 아닐까요?

성매매에 참여한 여성이 촬영한 것으로 보이는 동영상을 근거로 3개월에 걸친 취재를 거쳤다는 〈뉴스타파〉의 보도는 치밀하고 꼼꼼합니다. 탐사보도를 전면에 내세운 언론답게 이 매체는 성매매 장소가 이건희 회장과 연관이 있는지, 동영상이 위조 및 변조될 가능성은 없는지, 동영상에 등장하는 인물의 성조가 이건희 회장의 것과 일치하는지에 이르기까지 의혹을 낱낱이 파헤칩니다. 반격에 나설 수도 있는 삼성의 엄청난 권력을 염두에 본 보도로도 여겨집니다. 삼성의 힘은 10여 년 전 이른바 '삼성 X파일 사건'과 그 뒤 삼성 구조조정본부 법무팀 팀장이었던 김용철

변호사의 '삼성비리 사건 고발 사건'에서 확연하게 드러났습니다. 이를테면 '삼성 X파일 사건'에서 법의 심판을 받은 사람은 불법 행위를 한 의혹이 있는 삼성 측이나 뇌물을 받은 의혹이 있는 공직자들이 아니었습니다. 재판을 받고 유죄를 선고받은 이는 이를 폭로한 기자와 국회의원입니다. 〈뉴스타파〉가 이렇게 치밀한 탐사보도를 하고도 "두렵다"고 한 것도 삼성의 위세가 어느 정도인지 잘 알고 있기 때문일 겁니다.

총수와 2세, 3세의 불법 행위와 일탈을 비롯한 재벌그룹의 문제는 삼성만의 것이 아닙니다. 우리는 재계 순위 5위에 해당하는 롯데그룹의 비자금 사건 수사 내용이 연일 신문지상에 오르내리는 것을 심드렁하게 지켜보고 있습니다. 이 과정에서 조세포탈이나 정치권에 거액을 전달한 혐의도 드러나고 있습니다. 탈세나 뇌물수수는 재벌 비리가 불거질 때마다 등장하는, 약방의 감초 같은 것이었습니다. 2015년 여름 이후 현재까지 진행되고 있는 롯데그룹 신동빈·신동주 형제의 재산권 다툼도 낯설지 않습니다. 이 다툼 초기, 아버지가 아들에 의해 경영 일선에서 물러나고 무장 해제되는 '왕자의 난'도 익숙한 것이 되었습니다. 따지고 보면 대한민국 10대 재벌 중 경영 세습에서의 추악한 다툼이나 불법, 탈법, 비리 등의 문제가 없었던 곳이 과연 얼마나 될까요? 재계 순위 1위와 2위인 삼성과 현대차는 말할 것도 없고 SK, 롯데, 한화, 한진, 두산 등 10대 재벌 대부분이 일으킨 여러 가지 형태의 물의를 우리는 기억하고 있습니다. 이런 행태는 재계 순위가 11~30위권으로 내려간다고 해도 다르지 않습니다.

그러나 이런 범죄나 불법과 탈법, 비리 등에도 불구하고 재벌은 우리 사회 구성원 최고의 로망입니다. 그 가족까지 전부 합쳐도 인구의 0.1%도 안 되는, 재벌, 또는 재벌 2세 3세가 보통 사람은 얼굴 한 번 제대로 볼 수 없는 방송 드라마의 최고 단골 소재인 것만 봐도 그렇습니다. 청취율이 지상 과제인 방송 드라마야말로 우리 사회의 욕망을 가장 적나라하게 드러내는 장르가 아니던가요. 이뿐 아닙니다. 대다수 취업 준비생의 목표는 재벌 대기업에 취업하는 것입니다. 이는 정도의 차이만 있을 뿐 의사, 언론사 지망생, 경제 및 과학을 전공하는 연구원 등도 비슷합니다. 재벌은 부설 경제연구소와 R&D센터를 비롯한 각종 연구소 뿐 아니라 최고의 병원과 언론사, 대학 등을 두루 장악하고 있습니다. 재벌 회사가 만든 자동차를 타고 재벌 회사가 만든 브랜드의 아파트에서 살며 재벌 회사가 만든 대형 냉장고와 텔레비전, 그리고 최신식 핸드폰을 쓰는 게 우리 사회에서 잘 살아 간다는 이들의 전형적인 모습입니다. 게다가 우리는 처음 떠난 해외여행에서 뉴욕이나 파리, 런던의 중심가를 장식하고 있는 삼성이나 LG, 현대자동차의 광고판을 보면서 느꼈던 감동도 기억하고 있습니다. 세계적인 경제학자의 반열에 오른 영국 케임브리지대 장하준 교수는 박정희식 개발 독재와 더불어 재벌이야말로 한국의 경제 발전을 가능하게 한 동력이었다고 옹호하기까지 했습니다. 재벌 덕에 한국이 이만큼이나마 발전했고, 재벌 덕에 한국 사람이 이 정도나마 먹고살고 있다는 것입니다. 그래서 많은 사람들은 말합니다. 재벌이 뭐가 문제인데?

    이들이 펼치는 재벌 옹호론은 가볍지 않습니다. 이들은 반문합니다. 세계 최고 수준에 이른 삼성과 LG의 반도체나 휴대폰, 냉장고, 텔레비전, 그리고 세계 5위권에 이른 현대차와 기아차의 자동차가 재벌이 없었으면 가능했겠는가. 재벌 기업에서 일하는 임직원, 연구원은 말할 것도 없고 현대차 노동자만 해도 '노동귀족'이라고 불릴 정도로 많은 연봉을 받고 있지 않은가. 재벌의 해외 진출은 대한민국의 국격을 높이고 국민들에게 자부심을 심어 주지 않았는가. 재벌 브랜드의 아파트는 주택난 해소에 기여하면서 주거의 질을 향상시켰고 삼성병원과 현대아산병원으로 대표되는 재벌의 의료 사업 참여도 이 땅의 의료 수준을 한 차원 높이지 않았는가. 무엇보다 재벌은 그 척박한 환경에서 자본을 만들어 기업을 시작한 뒤 창업주와 이를 뒤이은 총수의 남다른 근면과 선견지명, 그리고 추진력으로 성장한 것이 사실 아닌가……. 우리 사회 구성원들의 이런 믿음 덕분에 현대그룹 정주영 명예회장은 대통령이 되겠다고 나섰고, 그 아래서 경영 수업을 한 이명박은 급기야 대통령이 되기까지 했겠지요.

    경제학자인 김어진 박사가 쓴 이 책은 이 같은 재벌 옹호론에 대한 반박의 형식을 취하고 있습니다. 저자는 상당수 재벌이 친일과 친미로 불하 받은 공유

재산에서 초기 자본을 만들고 박정희 정권을 비롯한 역대 정권의 특혜로 성장했다고 적고 있습니다. 현대중공업 조선소에서만 400명이 넘는 노동자가 각종 산재로 목숨을 잃는 등 노동자의 피와 땀으로 얼룩진 성장사도 다룹니다. 재벌의 과다한 투자와 방만한 경영으로 생겨난 부실을 거액의 세금을 투입해 정상화시켰더니 그 과실은 재벌이 독점하다시피 하는 행태도 언급합니다. 이 책에서 눈길을 끄는 것은 삼성전자와 같은 기업의 연구개발 노동자들입니다. 삼성전자 연구직 노동자들의 고임금과 지난해 서울 우면동에 지어진 삼성 R&D센터의 화려함 이면에는 일반의 상상을 넘어서는 고강도, 고위험 노동이 숨어 있다는 겁니다. 겉보기엔 그럴듯한 자율 출퇴근제가 새벽 귀가와 최고의 스트레스를 의미하고 신제품 개발 과정에서 죽음을 부르는 화학 물질에 노출된 이들의 실상은 세상에 많이 알려진 이야기가 아닙니다. 흔히 노동귀족이라고 비판받는 현대차 노동자들도 하루 13시간의 노동을 연간 330여 일씩이나 계속해야 하며, 이 때문에 한국 남성 평균보다 15년이나 일찍 세상을 떠난다고 합니다.

최근 민주노총과 한국노총, 진보연대 등은 힘을 모아 '재벌개혁 시민한마당 조직위원회'를 꾸리고 재벌개혁 10대 개혁 과제를 제시했습니다. 이들이 내놓은 주요 개혁 과제는 재벌 총수 일가의 독점과 전횡 금지, 편법 탈법 경영권 세습 규제, 골목 상인과 중소 영세 업체의 보호, 사내 유보금 재투자, 하청 업체에 대한 착취 근절, 부당 노동 행위와 노동조합 파괴 행위 엄벌, 재벌의 의료, 언론, 문화, 교통, 에너지 등 공공 부문의 장악 규제 등입니다. 이 과제는 쉽지 않지만 재벌 문제 해소를 위해 넘어야 할 최소한의 산에 지나지 않습니다. 목하 진행 중인 재벌 총수의 성매매 파문과 삼성이란 국내 최고 기업의 대응 의혹부터가 재벌의 독점과 전횡에서 비롯된 겁니다. 롯데그룹의 불법 비자금이나 형제간의 다툼도 재벌 총수의 전횡과 편법 경영 세습의 다른 말에 지나지 않습니다. 날로 증가하는 가계 부채로 서민들의 허리는 휘는데 재벌의 곳간은 폭증하는 사내유보금으로 넘쳐납니다. 이러한 상황들은 반드시 개선되어야 합니다. 이는 향후 대한민국의 경제 문제는 물론이고 수십만, 수백만 시민의 삶과 직결되어 있기 때문입니다.

재벌과 정치권의 거래는 경제 민주화에 장애물일 뿐 아니라 정치 발전 자체를 가로막아 왔습니다. 재벌과 관료의 유착은 신분제를 정착시키면서 이른바 '99%의 시민을 개·돼지'로 전락시켰고 재벌의 신문 방송 지배는 언론에 재갈을 물리며 민주주의의 근간을 위협해 왔습니다. 재벌의 대학 지배는 상아탑을 재벌의 하청업체로 전락시키면서 자율과 창의가 생명인 학문과 문화 예술을 질식시켜 왔습니다. 무엇보다 우리 사회의 최고 권력이자 최고의 로망, 욕망의 종착지이기도 한 재벌의 불법, 탈법과 비리는 우리 사회를 총제적인 부도덕으로 몰아넣었습니다. 필자는 개인적으로 이 부분을 재벌의 가장 큰 해악이라고 봅니다. 도둑 잡으라고 공권력을 부여받은 검사가 스스로 도둑이 되어 버린 사례가 빈번한 것이 불법·탈법을 일삼고도 승승장구하는 재벌의 현실과 무관하다고 할 수 있을까요? 뇌물을 주든, 논문을 표절하든, 약자를 짓밟든, 거짓말을 하든, 나만 출세하면 되고 선거에 당선만 되면 된다는 의식과 눈만 뜨면 터져 나오는 재벌 비리와의 거리는 과연 얼마나 될까요? 적어도 대한민국에서 재벌 문제는 경제나 경영의 문제가 아니라 삶의 모든 것과 직결된 문제입니다. 인문학을 기치로 내걸고 출범한 대안연구공동체가 「인문학, 삶을 말하다」라는 제목의 작은 책 시리즈에서 재벌 문제를 다루기로 한 것도 이 때문입니다.

삼성전자 이건희 회장의 성매매 의혹을 전한 〈뉴스타파〉 최승호 PD는 이 사건을 보도한 뒤 SNS에 "대한민국은 속속들이 썩었다"며 "이대로 무너져서는 안 된다"고 적었습니다. 맞습니다. 우리 사회에서 가장 큰 권력인 재벌이 도덕성을 상실하고 부패하면서 대한민국이 속속들이 썩었습니다. 재벌 문제가 해결되지 않는 한 경제뿐 아니라 정치와 행정, 교육, 학문과 문화예술이 제대로 될 수 없습니다. 대한민국이 무너집니다.

경제학을 공부한 뒤 지금까지 재벌 문제에 천착해 온 경제학자가 집필한 이 책은 작은 시작일 뿐입니다. 앞으로도 재벌을 파헤치고 진단하고 비판하고 대안을 모색하는 우리의 시도는 계속됩니다. 천천히, 그러나 꾸준히 계속되는 이 작업에는 경제학자뿐 아니라 철학자를 비롯한 인문학자와 사회학자, 언론학자 등은 말할 것도 없고 작가와 기자, 직장인 등도 두루 참여할 것입니다. 우리가 인문학을 공부하는 이유는 우리의 삶과 삶터를 성찰하며 보다 나은 것으로 만들기 위해서입니다. 먹고살기 바쁜 가운데도 힘써 공부하며 눈을 뜨고 세상을 바로 보려 하는 이유도, 비겁한 침묵 대신 문제가 있는 것은 문제가 있다고 말하려 하는 이유도 여기에 있습니다. 힘센 자의 비리에 눈을 감고 침묵하는 한 다른 세상은 오지 않습니다. 아무쪼록 독자 여러분의 성원과 가호가 있기를…….

김종락/대안연구공동체 대표

차 례

왜 우리는 재벌 문제를 말하는가?   3

1. 황제경영이 문제라고?   17
   재벌 문제의 핵심 바로 알기

2. 세습이 뭐가 문제인데?   24
   오래된 습관, 불법·탈법 세습

3. 자기 돈으로 만든 회사 아냐?   29
   재벌 탄생과 성장의 역사

4. 어쨌거나 재벌 덕에 먹고사는 거 아냐?   42
   노동자 피땀으로 얼룩진 성공 신화

5. 재벌의 해외 진출이 자랑스럽다고?   79
   글로벌 착취 기업으로서의 재벌

6. 주택난 해소를 위해 아파트를 지었을까?   88
   삶을 상품화, 사영화하는 재벌

7. 재벌 문제, 어떻게 해결해야 할까?   102
   실상을 바로 알고, 다른 세상을 위해 연대하자

인용 도서   106

1. 황제경영이 문제라고?
재벌 문제의 핵심 바로 알기

'재벌財閥,Chaebol'은 총수가 있는 한국의 대기업집단이다. 재벌에는 두 가지 요건이 필요한데, 하나는 모든 경영진 위에 한 명의 '총수(회장)'가 존재할 것, 또 하나는 '가족'에 의해 경영될 것이다. 법률에서는 재벌이란 단어를 쓰지 않는다. 공정거래법 등 관련법에서는 '대규모 기업집단'이라고 간접적으로 칭할 뿐이다. 그럼에도 재벌은 태권도, 김치와 함께 옥스퍼드 영어사전에 오른 몇 안 되는 한국어 단어다. 국제적으로 한국 외에는 유례가 별로 없는 탓이다. 한국현대사 및 동아시아 국제관계에서 손꼽히는 석학인 시카고대 석좌교수 브루스 커밍스Bruce Cumings는 한국 재벌의 본보기는 노구치 시타가우野口遵가 모델이었을 것이라고 말한 바 있다. '조선의 산업왕'으로 알려진 노구치는 식민지에 자신의 작은 제국을 가지고 있었다. 화학제품을 취급하는 주요 회사에 더해 마그네슘·석탄·폭약·알루미늄·아연을 취급하는 회사를 거느렸으며, 그 규모가 일본의 대한對韓 직접 투자 총액의 3분의 1을 웃돌았다. 브루스 커밍스의 정의에 따르면 재벌은 "생산라인 및 산업체들에서 독점적·과점적 통제력을 행사하는, 가족이 소유·관리하는 회사들의 집단"이다. 이처럼 강력한 가족적 유대야말로 재벌의 핵심 특징 중 하나다. 그러므로 재벌의 가장 작은 사업 하나까지도 가족 구성원이 지배하는 경우가 많고 사업체의 약 70%를 아직도 창업가족이 장악하고 있다. 현대그룹의 창립자 정주영은 본부 기업의 일상적 운영권을 동생 정세영에게 넘겼고, 두 형제 모두가 이 문어발 기업 자회사들의 최고위직에 자기 아들들을 앉혔다. 삼성 창립자 이병철은 그 아들 이건희와 아들의 아들 이재용에게 최고위직을 세습했다. 3대 세습을 이룩한 것이다. 브루스 커밍스 교수는 역작 『한국의 근현대사』에서 재벌은 "외세의 침략, 군대의 배치, 경찰의 훈련, 백성들로부터의 세금 징수, 노동자 교육, 노동 현장에서의 결사체 금지법안 제정 등으로 걱정할 필요가 없었다. 국가가 이런 일들을 다 해주었다"고 말한다.

그렇다면 총수나 그 친척이 문어발, 지네발식으로 계열사를 거느리며 경영하는 한국의 대기업집단이 지니는 문제는 무엇인가? 주로 거론되는 재벌 문제를 중요도에 관계없이 열거해 보자. 재벌의 탈법·편법 경영세습, 문어발식 경영, 걸핏하면 터져 나오는 형제의 난(지분싸움), 탈세, 황제경영, 정·관계 로비, 분식회계, 쌓여만 가는 사내유보금, 골목상권까지 파고드는 게걸스러움…….

이 책은 여기에서 좀 더 나아간다. 탈법·편법 운영이 시장경제에 반한다거나 자본주의답지 않다는 정도의 견해에 머무는 사람은 이 책이 좀 불편할지도 모른다. 필자는 어찌 보면 탈법·편법 운영도 시장경제에 어울리는 매우 자본주의적인 경영 방법이라 생각한다. 인류학자 칼 폴라니Karl Polany가 말했듯이 시장경제는 인간의 역사에서 매우 부자연스러운 제도이자 시스템이다. 그 상품을 누가 얼마나 필요로 하는지도 모르는 채 판매 그 자체를 위해 생산하는 시스템은 인류 역사에서 최근 몇 백 년에 국한된 매우 짧은 시기에 나타났다. 무엇보다 시장 경제는 다수보다 일부에게만 행복을 주는 체제라는 데에 많은 사람들이 공감을 표한다. 하지만 재벌이 시장경제에서 일탈하는 황제경영을 하느냐, 하지 않느냐의 관점에서 재벌 문제를 조명하는 것에 그친다면 재벌에 대한 진정한 문제 제기는 하기 어렵다.

재벌 문제는 재벌의 소유에 국한된 문제가 아니다. 대한민국 노동자와 서민의 총체적인 삶의 문제다. 생각해 보라. 재벌이 만든 제품으로 TV를 보면서 재벌이 소유한 유통회사에서 구매한 음식으로 끼니를 때우고 재벌이 만든 자동차를 타고 출근해 재벌 계열사의 커피 전문점에서 한 끼 식사에 버금가는 돈을 내고 커피를 마시며 재벌회사의 스마트폰으로 업무를 보고 게임을 하기도 하는 것이 우리의 삶 아닌가. 게다가 혹시 있을지 모를 위험마저도 상품화된 사회에서 재벌이 만든 각종 보험 상품까지 구매하면서 살고 있다. 재벌가 자손들의 일탈을 욕하면서 그 무소불위의 돈과 권력을 속으로는 부러워하는 것이 우리의 자화상이기도 하다.

따라서 재벌은 탈법과 편법으로 얼룩진 경영세습으로 요약되는 소유의 문제로만 접근할 수 없다. 재벌이 만든 그 무수한 상품들이 삶을 지배하고 그 상품들을 욕망하는 동안 사라지고 있는 시간들, 그리고 그 상품을 생산하는 소외된 노동 과정에서 왜곡되고 상처받는 우리의 소중한 삶이 문제다. 그렇다. 자본주의의 가장 큰 문제는 역시 시간이다. 과거와 현재로 이어지는 그 '선형적 시간'은 결코 고정불변하고 절대적 기준으로 사고될 수 있는 것이 아니다. 선형적인 시간은 자본주의에 와서야 비로소 획득된 것이다. 자본주의에 와서야 비로소 시간은 과거에서 현재, 미래로 이어지는 직선적 형태가 되었고 그 때문에 추상적 양으로 인식되었다. 리프킨 Rifkin, 1989은 시간이 사회 변화에 따라 어떻게 변화해 갔는지에 대한 매우 흥미로운 성찰을 했다. 그에 따르면 갈릴레오가 1649년 진자 운동을 발견하자마자 시계가 작동의 균등성과 정확성을 획득한 것은 우연이 아니다. 리프킨은 분·초가 기계시계의 다이얼에 나타나면서 하루 일상의 일부가 되었고, 하루가 마치 화폐처럼 잘게 쪼갤 수 있는 추상적 시간의 단위로 재구성되면서 대규모 산업 행위들이 이윤을 위해 조직화됐음을 지적했다. 시간은 돈이 되었고 경제는 시간의 경제가 되었으며 노동자들의 삶이 점차 시계 리듬[1]으로 조절되는 기계의 지배를 받게 되었다. 생물학적 우주적 시간개념은 형식적이고 공허한 시계의 째깍거리는 소리로 대체됐다.

봉건시대의 농노의 삶은 영주에게 구속된 삶이 아니었다. 주어진 시간 안에 지구촌 누가 먹을지도 모를 것들, 다시 말해 시장에 내다 파는 것을 목적으

---

1. 기계시계는 기원 후 7세기에 베네딕트 수도회에 의해 처음으로 소개됐는데 베네딕트 수도회는 다른 종교와 달리 하루 종일 매 순간마다 기도하고 종교의식을 치러야 했다. 시간은 모자랐고 낭비해서는 안 되었다. 기도할 시간, 먹을 시간, 목욕할 시간, 일한 시간, 잠잘 시간이 정해졌다. 이들은 시간의 단위로 '시hour'를 다시 소개했다(시 개념은 중세에는 거의 사용되지 않았다). 모든 행동이 특별한 시에 짜여 있었다. 예를 들면 하루의 첫 네 시간은 특별한 행위를 위한 시간으로 예정되고 나머지 두 시간은 독서 시간으로 할애하는 식이다. 이것으로 미루어 현대의 시간개념이 베네딕트 시대에도 있던 것으로 해석할 수도 있다. 그러나 이러한 '시' 개념은 여전히 추상적인 아닌, 구체화된 시간의 개념이다. 각 시간은 특별한 행위를 위한 시간이었다. 자본주의에 와서야 특별한 시간에 특별한 행위를 하는 것과는 관계없는 시간의 추상화가 가능해졌다.

로 감자 농사를 지어야 하는 그런 삶이 아니었다. 하지만 기계시계가 사용되고 시간이 상품의 측정 수단이 되는 시간, 주어진 시간 안에 얼마나 많은 상품을 만들어 낼 수 있느냐는 것이 경쟁력인 시대의 시간은 사회적 내용을 갖는다. 재벌 문제는 막강한 권력으로 우리 삶의 시간들을 지배하고 있는 시간의 문제다. 우리의 삶을 재벌 상품의 총합으로 만들어 버리는 재벌의 특권, 우리 삶의 시간들을 재벌이 지배하고 소유하는 소유권의 문제다. 우리의 삶은 봉건시대의 농노보다 더 강하게 재벌에게 구속돼 있다. 따라서 재벌에 대한 문제제기는 좀 더 근본적인 성찰을 필요로 한다. 이 책은 그 성찰을 위한 첫 번째 소고이다.

2. 세습이 뭐가 문제인데?

오래된 습관, 불법·탈법 세습

대표적인 재벌 문제로 불법·편법적 승계로 인한 경제 집중을 꼽을 수 있다. 실제로 한국 10대 재벌이 시가총액에서 차지하는 비중은 43.3%에 이른다. 10대 재벌의 자산총액은 2005년 GDP의 약 48.4%에서 2014년 105.2%에 이른다. 10대 재벌의 매출 총액은 2003년 GDP의 약 50.6%에서 2014년에는 68.3%로 상승했다. 재벌의 지배 구조는 총 주식의 5%도 안 되는 주식을 소유한 총수 일가가 기업집단 전체를 지배하고 있는 형태다. 반도체 집적회로보다 더 복잡한 재벌의 지분 구조는 총수 일가의 지배권 승계 과정에서 변동되기도 한다.

재벌세습은 대체로 다음과 같은 패턴으로 진행된다. 1단계-종자돈으로 종자기업 지배하기, 2단계-부당내부 거래로 종자기업 키우기(부당 내부거래와 상장이 주로 이용된다), 3단계-종자기업을 이용해 그룹 전체 세습하기 순이다.

삼성그룹의 경우를 보자. 우선 1단계에서 61억여 원을 증여받은 이재용은 비상장계열사들의 주식을 인수한 뒤 해당 주식이 상장되자 약 800억 원을 확보했다. 이 중 48억 원을 삼성에버랜드 전환사채를 배정받는 데 사용하여 31.37%의 지분을 가진 최대주주가 됐다. 2단계에서 1998년 삼성에버랜드는 삼성생명 주식 345만 주를 주당 9000원에 취득했다. 1999년부터 2011년까지 삼성에버랜드의 자산규모는 5배 이상 증가했다. 1996년부터 2010년 말까지 삼성에버랜드로부터 획득한 이재용의 연 평균 투자수익률은 약 52%다. 3단계, 1998년 삼성에버랜드는 삼성생명의 최대주주가 됐다. 2010년 말 현재 이재용의 삼성생명 및 삼성전자의 보유 주식 가치는 10조 원이 넘는다. 결국 약 61억을 증여받아 약 10조 원이 필요한 삼성그룹의 지배권을 세습할 수 있게 된 것이다.

현대자동차의 세계를 보자. 1단계, 2001년 정의선은 신설회사 현대 글로비스에 15억 원을 출자해서 지분의 59.85%를 확보했다. 2단계에서 현대자동차의 일감 몰아주기로 2001년부터 2005년 사이 현대글로비스의 자산 규모는 약 16배로 급증했다. 2001년부터 2010년 말까지 정의선의 투자수익률은 연 평균 약 290%에 이른다. 3단계에서 정의선은 현대글로비스 중심의 지주회사제도로 전환하거나 기존의 순환출자를 유지하면서 현대차 그룹을 승계할 것으로 예상된다. 현대글로비스에 출자한 15억 원으로 사실상 정몽구로부터 현대자동차 주식 등 약 6.7조 원을 증여받는 것과 같은 효과를 낸 것이다.

SK그룹도 비슷하다. 1단계에서 최태원은 1994년 ㈜SK로부터 SKC&C 지분 70%를 2억 8000만 원에 매입했다. 2단계, SK텔레콤 등 계열사 일감 몰아주기로 SKC&C의 자산규모는 1999년에서 2008년까지 10년 사이에 약 8배 증가했다. 1994년부터 2010년 말까지 최태원이 올린 투자수익률은 연평균 약 221%에 이른다. 2001년 SKC&C가 ㈜SK의 최대주주가 된 것은 3단계에 해당한다. 이후 지주회사제도 전환을 이용해 SKC&C에서 ㈜SK로 이어지는 지배구조가 공고해졌다. 최태원이 상속받은 730억 원과 관계없이 SKC&C 지분 인수로만 SK그룹을 세습한 것이다.

이 같은 세습 과정은 범죄로 얼룩졌다. 매 세습 단계는 투자자들을 속이거나 그들에게 손해를 입히는 과정이자 소액 주주들을 등쳐 먹는 과정이었다. 이 과정에서 매출액 등을 부풀리는 장부 조작(분식회계), 회사 돈 취하기(횡령), 회사에 손해 입히기(배임) 수법이 동원됐다. 이재용이 받은 주식은 이건희 회장만의 것이 아니라 다른 주주들이 가진 지분을 조금씩 빼앗은 것이라 할 수 있다. 횡령이고 배임이다. 변칙증여로 증여세를 탈세하는 것은 기본이다. 이재용이 10조 원에 해당하는 그룹의 지배권을 세습하는 과정에서 낸 세금은 이건희로부터 60억 8000만 원을 증여받으면서 낸 16억 원이 전부다.

소유권이 세습되는 과정에서 불법과 탈세에 대한 처벌을 피하기 위해 사법부·행정부·입법부·언론·학계를 매수하고 청와대까지 뇌물로 쥐락펴락하는 것 또한 현재진행형이다. 재벌의 국가 기관과 학계에 대한 영향력은 사외이사와 연구비라는 당근을 통해서도 행사된다. 2012년 9월 10일자 연합뉴스 보도에 의하면 10대 재벌그룹 상장계열사들이 지난 1년간 새로 선임한 사외이사의 40% 이상을 교수가 차지했으며 검찰, 행정부 공무원, 국세청, 공정거래위원회, 판사, 관세청 등 정부 고위 관료나 권력기관 출신이 37.7%를 차지했다.

재벌과 권력기관 사이의 관계는 혈연으로도 얽혀 있다. 다른 귀족들과 마찬가지로 재벌가는 끼리끼리 결혼을 한다. 한 연구에 따르면 33대 대기업 가운데 31개가 그들끼리 인척관계를 맺고 있다. 그룹 규모의 순위에 따라 부부 간의 연을 맺는 현상도 눈에 띈다. 재벌과 권력 간의 결연도 자주 형성된다. 재벌기업들은 또한 자기 사람들을 정부에 들여놓는 방법을 알고 있었다. 재벌의 장인들 가운데 3분의 1이 "정부 3대 권력 부처의 고위관료 출신들이다".(커밍스, 463~464p) 불법 및 편법으로 점철된 부의 세습이 실현된 것은 이런 강고한 연대를 통해서였다.

3. 자기 돈으로 만든 회사 아냐?
재벌 탄생과 성장의 역사

1) 친일·친미로 공유재산 불하, 횡령

 이런 반문이 있을 수 있다. 창업주의 근면, 선견지명, 저돌적인 추진력이 오늘의 글로벌 대기업집단을 있게 한 종자돈이 아니었냐는 것이다. 요컨대 창업주의 헌신과 노력이 있지 않았느냐는 것이다. 이에 대해서는 우선 "자본가들의 기원을 '근면성' 등"으로 설명하는 것이 "낡아빠진 어린애 같은 이야기"(마르크스, 칼. 자본론 1권 p.980)라고 한 『자본론』의 구절을 떠올려 보면 좋겠다.

 흔히 자본가들은 자신들이 자본을 대서 이윤을 얻고 노동자들은 노동력을 제공해서 임금을 받는다고 말한다. 그렇다면 자본가들이 만들어 제공했다고 하는 자본은 어디에서 나온 것일까? 재벌의 초창기 창업주의 자본은 어디에서 온 것인가? 한국경제 전문가인 일본 도쿄대 핫토리 다미오服部民夫 교수의 분류에 따르면 한국 재벌의 출신 배경은 대체로 〈표1〉과 같이 분류될 수 있다.

표1: 한국 재벌의 기원

경성방직, 화신, 태화, 유한양행	일제강점기에 설립되어 해방이후 지속 기업군
대우	박정희 정권기 혜성처럼 출현한 기업군
현대, 삼성, 엘지, 선경, 한화, 금성방직(쌍용)	해방이후 1950년대에 걸쳐 창립된 기업군

현재 우리가 재벌이라고 일컫는 상당수 대기업집단은 이 표에서 가장 아래에 있는 해방 이후 1950년대 걸쳐 창립된 기업군들이다. 이들은 1950년대에 어떻게 부를 축적했는가?

결론부터 말한다면 공유재산 사유화다. 일제 식민지 제국에 협력하면서 재산을 모으고, 미군정에 협력하면서 귀속재산(미군정에 몰수된 일제 강점기 때 일본인 소유의 농지, 주택, 기업 등의 재산)을 헐값에 불하받거나 미군의 원조 물자를 약간 가공해서 팔며 엄청난 시세 차익을 얻었다. 일제 때 재산을 모으고, 해방 후 공유자산(귀속재산과 원조물자)을 사유화하기 위해 친일과 친미는 필수적이었다.

대표적으로 정주영과 이병철의 사례를 보자. 정주영은 친일에서 친미로 재빠르게 변신하면서 일제가 한국 민중으로부터 수탈한 재산을 고스란히 물려받을 수 있었다. 일제 말기 중일전쟁으로 쌀값이 폭등할 때 정주영은 매점매석을 통해 상당한 재산을 축적할 수 있었다. 해방 이후 그는 일제가 남기고 간 토지를 밑천 삼아 '현대자동차공업사'라는 자동차 수리 공장을 시작했다. 당시 일제로부터 조선인 자본가나 관료 등에게 넘어간 재산의 대부분은 일제가 조선 민중으로부터 수탈한 것이었다. 정주영이 시초 자본 축적의 기회를 얻은 것은 그가 '남달리 부지런하기 때문'도 아니고, 그의 '불도저 같은 추진력' 때문도 아니었다.

삼성 창업주 이병철은 어떤가. 수많은 재벌 총수들과는 달리 이병철은 일제부터 거액의 재산을 축적했다. 지주의 아들인 그는 1930년대 마산에서 정미

소로 시작하였고 그 후 대구에서 쌀로 빚은 술을 수출했다. 사업은 제2차 세계대전을 거치면서 급속하게 팽창하였는데, 해방 뒤 이승만 정권하에서 일본인이 남기고 간 공장들을 특매가로 사들인 데 힘입어 한국에서 가장 중요한 경공업회사가 되었다. 이병철이 한국 최고의 갑부가 된 것도 이 무렵이다.(브루스 커밍스, 462~463p)

이병철은 1910년 경상남도 선령에서 대부호의 아들로 태어났다. 5가구가 넘는 종들을 부리며 "보통은 쌀 2000석이요, 흉년이면 1500석이었다"고 한다.(이병철) 일본 와세다대에서 학업을 중도에 포기하고 귀국한 이병철이 벌인 첫 사업은 농민의 쌀을 수탈해 일본으로 보내는 과정에서 돈을 버는 것이었다. 이병철이 첫 사업을 벌인 마산은 경남 일대의 농산물 집산지였다. 일본으로 보내기 위해 마산에 모이는 쌀은 연간 수백만 석에 달했다. 식민지 농민들의 시름과 한숨은 깊어 갔지만, 이병철의 관심사는 오로지 돈 벌기였다. 돈이 쌓이자 그는 김해평야에 나온 땅을 모조리 사들이고 대구와 부산에 주택 부지를 매입하는 등 부동산 투기에도 열을 올렸다. 토지투기사업은 순조로웠다. 이병철은 자서전『호암자전』에서 당시 상황을 이렇게 회고했다. "식산은행의 금고가 마치 나의 금고로 착각될 정도가 되었다. 1년이 지나자 나는 연수 1만 석, 토지 200만 평의 대지주가 되어 있었다." 삼성의 부동산 투기는 이처럼 뿌리 깊은 것이었다.

중일전쟁이 한창이던 1938년, 이병철은 식품가게인 '삼성상회'와 양조업을 시작했다. 전쟁이 계속되는 바람에 식품과 술장사는 돈이 되는 사업이었다. 이 과정에서 일제의 도움이 있었음은 물론이다. 브루스 커밍스가『한국 현대사』에서 묘사했듯이 "이병철은 항상 자신을 '일본 신사'로 여겼고 일본 여성과 결혼함으로써 자신의 정체성을 입증했다." 삼성(별 셋)은 미쓰비시의 '다이아몬드 셋'을 응용한 것인데 미쓰비시 역시 메르세데스의 로고를 본뜬 것일 공산이 크다.

해방 후 이병철도 적산(일본인들의 재산)과 미국의 원조 자금 끌어들이기에 나선다. 당시 적산은 국내 총자본금의 91%나 됐다. 이승만은 정권과 결탁한 사람들에게 적산을 불하했다. 이병철은 친일에서 친미로 변신했고 그 결과 '적산'과 미국의 원조 자금을 끌어들여 축재 기반을 더욱 탄탄하게 다졌다. 특히 1951년 설립된 '삼성물산주식회사'는 전쟁이 낳은 물자부족과 물가앙등을 이용해 급속도로 부를 쌓았다. 이 회사는 1952년에 17배나 성장했다.

이병철의 부친과 친구였던 이승만은 이병철에게 제일제당, 제일모직과 같은 일본 기업들을 거의 헐값에 내주었다. 이들 공장에서 이병철은 원조 물자를 거저 받아 약간 가공한 뒤 시중에 비싸게 내다 팔아 막대한 이익을 챙겼다. 노동자들을 잠도 안 재우고 혹사시켜 세운 부산의 설탕 공장에서도 엄청난 돈을 벌었다. 그는 또한 흥업은행주 83%, 조흥은행주 55%, 상업은행주 50%를 사들여 전체 시중은행 주식의 50%를 손에 넣었다. 부패한 이승만 정부의 관료들과 유착해 부를 모은 것이다. 이 과정에서 이승만과 그 관료들에게 거액의 정치 자금을 제공한 것은 말할 것도 없다. 『한국의 근대 자본가 계급』을 집필한 오미일 박사에 따르면 이렇게 재벌의 창업 자본을 모은 회사는 현대와 삼성뿐 아니다. SK, 한진, 한화 등도 귀속 재산을 인수받아 시초 축적을 했다.

1962년 발표된 전관용의 단편소설 『꺼삐딴 리』의 주인공 이인국 박사는 일제 때부터 1950년대에 이르기까지 권력에 아부하며 출세 지향적으로 살아온 상류층 의사이다. 일제 때 제국대학에서 명예의 시계를 탄 수재로 평양에서 개업했으나 가난한 사람은 진찰하기조차 꺼린다. 일제 당시 철저한 친일파였던 그는 해방 뒤 철저한 친미파로 변신한다. 빼어난 변신술로 자신의 이익을 추구하는 캡틴 리(꺼삐단 리)는 이병철일 수도 있고 정주영일 수도 있다.

한국 자본가의 기원이 마르크스가 문제시한 영국을 비롯한 서구 자본주의의와는 다르다는 게 일반적인 설명이다. 그러나 자본의 시초 축적이 사기와 다름없는 방법으로 이루어진 공유지의 불하나 횡령, 교회재산의 약탈 등이었다는 점을 감안하면 한국 재벌의 기원은 자본의 시초 축적의 역사와 매우 닮아 있다고도 할 수 있다.

한국전쟁도 재벌의 시초 축적에 '기여'했다. 대표적으로 현대건설은 1950년 한국전쟁을 계기로 하루아침에 신데렐라가 되었다. 정주영의 동생 정인영이 미군 통역을 자원한 것을 이용해 미군공사를 독점 수

주했다. 전쟁 당시 낙동강 방어선 안에서 보호를 받은 정씨 형제들은 1950년대의 내내 계속된 재건에 참여한 것은 물론이거니와, 미군용 퀸셋 막사와 난민촌 건설, 그리고 각종 전쟁 관련 건설 계약을 잇달아 수주했다. 수많은 사람들이 죽어 가는 전쟁이야말로 부를 축적할 수 있는 호기였다. 한국 전쟁 당시 따냈던 수많은 공사 덕에 현대건설은 1955년 자본 규모 9위의 대기업으로 성장했다. 1953년 한국전쟁이 끝나자 정주영은 미군 부대에 자동차 정비서비스를 제공하는 것으로 본격적인 자동차 사업을 시작했다.

현대는 또한 베트남에 파견된 미군의 주된 계약 상대자이기도 했다. 현대가 건설 노하우를 축적한 것은 베트남 전쟁에서 미국을 지원하는 일을 하면서였다. 동아시아 국가들의 경제 성장 요인을 연구해 온 앨리스 앰스덴Alice Amsden에 따르면 현대는 베트남 전쟁 당시 태국에서 미군용 트럭을 정비하는 사업을 따낸다.(Amsden : 2007) 이러한 경험은 1970년대 석유 시장의 활황에 힘입어 중동 건설 붐이 일었을 때 중동 진출의 원동력이 된다. 1972년 현대의 자산 가치는 6400만 달러를 넘어섰고 1994년 275억 달러의 매출을 올려 『포천』지의 500대 기업 목록에서 86위를 차지했다.

2) 비용의 사회화, 이익의 재벌화

재벌이 현재의 모습으로 골격을 갖춘 계기는 1970년대 박정희 정권의 중공업 추진 정책이었다. 사실 대우는 1967년까지는 존재하지도 않았다. 현대와 대우 등의 유수 재벌이 중공업에 뛰어든 것도 이때부터였다. 박정희는 재벌 총수들을 불러들여 그들에게 무엇을 할지 직접 지시했다. 오늘날 재벌공화국의 뿌리는 유신에서 찾을 수 있다.

1970년대 초는 석유수출기구 동요와 석유 부족 등으로 유조선이 광범위하게 사용되는 시점이었다. 대양 유조선의 수요가 크게 늘었다는 이야기를 들은 박정희는 정주영에게 조선 사업을 권했다고 한다. 이 권유를 받은 정주영은 그리스로 날아가서 다른 어떤 회사보다 싸고 신속하게 납품하겠다는 약속을 하고 대형 유조선 계약 2건을 체결한다. 그리고 그 주문서를 바클리 은행에 들이밀었고 은행은 조선소를 지을 자본을 빌려준다. 조선소를 건설할 줄 아는 사람이 없자 정주영은 60명의 기술자를 스코틀랜드로 보내 기술을 배우게 한다. 그리고 2년 후, 납기 마감일 전에 유조선을 건조해 그리스 선주에게 양도한다. 1973년에 이르러서는 한국화학 종합공단이 울산에 건설돼 폴리에틸렌, 메탄올을 비롯한 물질들을 만들었다. 그 사이 한국 중화학공업화에 3두 정치(박정희, 김정렴, 오원철)의 시대가 열렸고 이 3두는 '대통령 지시'를 중화학공업 정책을 시행하는 방식으로 제도화시켰다. 재벌을 한국 산업의 기둥으로 동원해 사실상 대한민국 주식회사를 창설한 것이다.

박정희는 산업 기계, 조선 및 운송 기계, 철강, 화학, 전자의 다섯 가지 주요 산업을 우선 산업으로 집중 발전시키기 위해 대규모 공장 건립을 각 기업에게 지시했다. 『유신과 중화학공업』의 저자 김형아는 미국이 북한과 베트남에 대해 효과적으로 대응하지 못하고 남한에 대한 확고한 방위 의지를 보여 주지 않자 박정희가 방위 산업과 더불어 중화학공업을 육성시켰다고 분석한다. 박정희는 자주국방을 위해서는 무기의 미국 의존을 줄이고 국산화로 가는 것이 필요한데, 중화학공업 없이는 불가능하다고 보았던 것이다.

 중화학공업에 참여하는 업체에게는 시중 금리보다 싸게 자금을 대출했다. 세금 감면, 관세 혜택, 보조금 지급 등의 정책으로 국내 시장을 장악할 수 있도록 했다. 재벌들이 대규모 설비투자를 하며 계열사를 만들고 사업을 확장, 그룹을 본격적으로 형성한 것이 이때다. 현대, 삼성, 럭키금성(LG), 선경(SK), 쌍용, 한진을 비롯한 많은 기업들이 조선, 자동차, 전자, 항공, 운수 등에 진출했고 정부의 도움으로 각 분야에서 독과점적 지위를 누리게 되었다.

 박정희에게 가장 중요한 것은 자주국방 산업의 핵심인, 새로운 공작기계종합공단이었다. 그는 창원 공작기계공단을 비무장지대에서 멀리 떨어진 마산에 설치했다. 마산 인근의 창원은 산으로 둘러싸여 무기 부품 제조 시설을 갖추기에도 안성맞춤이었다. 박정희는 대기업들을 불러 모아 창원에 100개 이상의 공장을 짓게 했는데, 창원공단의 기계공장은 제3차 5개년계획 동안 연평균 36%씩 증가하면서 급성장했다. 그리하여 1977년에는 한국산 자동차의 부품 국산화율이 90%에 이르게 되었다.

이 과정에서 결정적으로 중요했던 특혜는 금융 특혜였다. 많은 학자들은 한국형 모델의 핵심 요소를 금융이라고 요약한다. 한마디로 당시 한국 금융의 주된 목표는 출혈을 감수하고서라도 가능한 한 많은 자본을 중공업화 계획에 투여하는 것이었다. 불황의 조짐이 보이기 시작한 1970년대 초, 재벌기업들이 사채시장에서 고리 단기 사채를 무분별하게 끌어다 쓰면서 재무구조가 악화되었고 대기업 부도 사태가 일어난다. 이에 박정희는 1972년 8월 3일, 기업과 사채권자와의 채권·채무 관계를 모두 동결시키는 8·3조치를 시행한다. 이 조치로 부도 위기에 몰렸던 많은 대기업들이 살아난다. 대표적인 기업이 현대건설이다. 브루스 커밍스가 적절하게 말한 것처럼 남한은 재계의 낙원이었다. 돈을 빌려 너도 나도 공장을 지었다. 팽창주의적 금융 재정정책은 기업의 방만한 사업 확장으로 이어졌다. 정부가 돈을 거저 주다시피 하는 바람에 많은 산업에서 과잉 투자와 과다 설비가 이어졌다.

재벌 성립 과정은 대형 부정부패의 뿌리이기도 했다. 군사 정부는 세금 감면, 금융 특혜, 노동자들의 단결권을 막는 법 등으로 재벌기업을 전방위로 도왔고 재벌은 정치자금과 뇌물 상납을 일상화했다. 정주영은 1970년대 후반 박정희 정권의 '그 동안의 노고'에 감사하며 압구정동에 현대아파트를 지어 고위 관료, 국회의원, 신문사 간부들에게 상납했다. 관료와 국회의원, 언론사 간부들의 상당수는 삼성장학생이거나 현대장학생들이다.

이 같은 재벌의 형성과 확립 과정은 비용의 사회화와 이익의 재벌화로 요약된다. 재벌이 성립하는 과정에서 돈이 너무 풀려 물가가 수직 상승했다. 1965년에서 1973년까지 물가 상승률은 연평균 13% 이하였지만 1974년에는 29% 이상으로 수직 상승했고, 이후 6년 중 5년간은 20% 이상을 유지했다. 그런데 대외 조건이 악화되자 GNP성장은 1979년 6.5%로 하락했고 1980년에는 한국전쟁 이후 최초의 마이너스 성장을 기록했다. 한국의 외채는 1979년 200억 달러에서 1983년 400억 달러로 치솟았다. 재벌로 인해 초래된 경제 위기의 대가는 고스란히 노동자, 서민들이 치렀다.

4. 어쨌거나 재벌 덕에 먹고사는 거 아냐?

노동자 피땀으로 얼룩진 성공 신화

1) 슈퍼추종자 전략과 기민한 생산방식

하지만 어쨌든 노동자, 서민들도 재벌의 성장 덕분에 이렇게나마 먹고살게 된 것 아닐까? 문제는 일부 있었을지라도 재벌의 혁신 경영, 글로벌 경영이 성과를 내어 세계적 기업의 반열에 오르게 되면서 한국도 선진국 진입을 눈앞에 두게 되지 않았느냐고 반문할 수도 있다. 결론부터 말한다면 재벌의 비약적 성장은 총수의 혁신 경영 덕분이 아니라 노동자들의 헌신과 희생 덕분이다. 노동자 덕이라고 한다면 반감을 가지거나 의아해 할 사람이 있을 수 있다. 하지만 재벌기업들의 수직적인 공급망 관리 때문이라고 바

꿔 말하면 고개를 끄덕일 사람이 많을 것이다.

    수직적인 공급망 관리란 최초 공급부터 최종 소비에 이르기까지의 상품, 서비스 및 정보의 흐름이 이루어지는 비즈니스 프로세스들을 통합적으로 운영하는 전략을 말한다. 기업이 공급망 관리를 수직적으로 하면 모든 프로세스에 관여할 수 있으므로 시장의 변화와 기술의 진화 등에 관한 정보를 필요한 각 프로세스에 집중시킬 수 있다. 그리고 어디에서 새로운 가치가 생성되는지, 어디에서 문제가 발생하는지를 포함한 모든 것들을 쉽게 파악할 수 있다는 장점을 가진다.

    삼성전자의 기업보고서를 보면 해외 생산 법인은 대체로 90% 이상의 지분을 소유하고 있다. 시장 수요에 주도적으로 기민하게 대응, 시장점유율을 높이기 위한 슈퍼추종자 전략의 결과다. 슈퍼추종자 전략이란 새로운 시장을 개척하는 것이 아닌, 새로운 시장을 개척한 선발주자를 후발주자가 모방과 자원 투입 등을 통해서 신속하게 그 격차를 좁히거나 추월하는 것을 말한다. 갤럭시로 애플의 아이폰을 추종하여 시장점유율을 높이는 식이다. 삼성은 단시간에 시장지배력을 향상시키기 위해 거액의 내부 유보금을 쌓아놓고 필요할 경우 신속하게 생산라인을 설치, 기민하게 시장에 진입하기 위해 모든 정보를 통합적으로 관리, 운영한다. 이른바 삼성웨이 Samsung Way다. 자체 생산라인 운영을 통해서 시장점유율을 높이려는 전략은 삼성만의 것은 아니다. 전 세계 비메모리 분야 반도체 시장의 80%를 점유하고 있는 인텔도 자체의 공급라인을 갖고 있다. 7개국에 공장을 설립한 인텔은 13개의 반도체 생산라인과 13개 조립 및 테스트 라인을 갖고 있다. 그러나 한국 재벌의 전자기업만큼 일사불란한 수직적 공급라인은 형성되지 않았다.

현대자동차의 '기민한 생산방식'도 수직적 정보처리 방식을 통해 제품개발 과정의 조정과 통합을 추구하는 수직적 통합 방식의 한 사례다. 양산 이전의 파일럿 생산 단계에서 예상되는 문제점들을 미리 파악하여 해결한 뒤 생산라인을 구축, 수요 변화에 따라 다양한 제품을 유연하게 생산한다는 게 이른바 '기민한 생산방식'의 핵심 특징이다. 문제는 이 과정이 노동자들의 장시간 노동과 노동강도 강화와 직결돼 있다는 것이다.

시장점유율을 높이고 글로벌 경쟁에서 승리하려면 적정한 시간 안에 대량생산 신기록을 수립해야 한다. 기술개발이 이뤄지는 시기에는 당연히 더욱 장시간의 노동이 필요하다. 기술혁신이 이뤄지는 시기에 자본가들은 상대적 잉여가치 생산(기술혁신으로 시간당 생산량이 획기적으로 많아지도록 하는 생산)과 절대적 잉여가치 생산(노동시간 연장)을 동시에 추구한다는 마르크스의 지적 대로다. 마르크스는 『자본론』 1권에서 이를 자본가들이 새로운 기계나 기술을 사랑하는 방식에 비유했다. 일명 '첫사랑의 시기'다. 누구나 첫사랑 또는 초기 연애 시절에는 한 시간이라도 더 보고 더 만지고 싶지 않던가. 다시 말해 특허 기술을 개발해서 그 특수를 누릴 수 있다고 판단하는 시기에는 물량 공세로 들어가야 한다. 당연히 노동자들의 노동시간은 길어질 수밖에 없다. 장시간 노동을 하더라도 그에 걸맞은 보상 체계가 마련되어 있지 않느냐는 반문이 있을 수 있다. 이에 대해서는 뒤에서 좀 더 자세히 살펴보도록 하자. 이에 앞서 재벌의 기술혁신 과정을 연구개발 분야의 노동을 통해서 찬찬히 살펴보는 게 의미 있을 것이다.

필자는 지난 몇 년 동안 삼성그룹 계열사 연구직 노동자들의 근무 조건을 조사해 본 적이 있다. 재벌그룹의 기술혁신, 이를테면 '삼성웨이' 같은 것이 어떻게 만들어졌는지를 살펴보기 위해서였다. 결론부터 말하자면 장시간 노동과 강화된 노동강도, 고위험 노동이 아니었다면 재벌그룹의 기술혁신은 절대 불가능하다는 것이다. 삼성전자 R&D센터에 다닌다면 대부분 부러워할 만한 직장에 다닌다고 생각할 것이다. 그러나 연구직을 포함한 노동자들의 장시간 노동과 엄청난 노동강도, 위험으로 가득한 근무 조건이 삼성전자 R&D센터의 현주소이다. 삼성그룹의 반도체 연구개발 공정을 예로 들어 보자.

2) 기술혁신의 비밀, 고강도 고위험 연구노동

연구개발에서 설계 과정은 생산 공정과 분리돼 있기 때문에 디지털 테일러리즘(디지털 분야에서도 노동 과정이 표준화되고 통제돼 노동의 소외가 일어난다고 보는 견해)과 직접 관련이 없을 거라고 생각하기 쉽다. 그러나 현실은 그렇지 않다. 노동의 표준화와 표준화를 통해 통제와 경쟁을 강화하는 보상 체계는 연구개발 노동자들에게도 극명하게 드러난다. 특히 한국 재벌기업들이 가지는 경쟁력의 핵심 실체는 노동을 표준화하여 통제하기 쉽게 만들고 경쟁과 차별을 조장하는 보상 체계를 통해 노동자들을 쥐어짜는 악순환의 고리라는 점이다. 대량생산 체계의 조립 노동자들에게나 존재하는 노동의 표준화, 통제, 차별과 경쟁 조장의 보상 체계가 연구개발 노동자에게도 예외는 아니었던 것이다.

첫째, 연구개발 노동자의 표준화 과정부터 살펴보자. 문외한에게 디자인은 노동의 표준화와는 상관없을 것처럼 보인다. 하지만 실제로는 그게 아니다. 예를 들어 반도체 설계는 크게 8개 직무로 세분화된다. 반도체 시장 및 고객 요구에 적합한 반도체 집적회로IC 설계 개발, 기획, 구조 및 시스템 설계, 인프라 개발, 디지털회로 설계, 회로도면layout 설계, 제작한 집적회로의 검증 평가가 그것이다. 그리고 8개의 직무들은 다시 여러 개의 작업으로 분해된다. 이를테면 8개 직무 중 하나인 반도체 집적회로IC 설계 개발은 트렌드 분석과 제품사양 결정, 세트 스펙 분석 등의 7개 단계로, 기획은 알고리즘 분석·상위 수준 모델링·성능 분석·플랫폼 결정 등의 8개 작업으로 분해되는 식이다. 인프라 개발은 다시 9개의 작업으로, 회로설계는 11개로, 회로도면 설계는 6개로, 직접회로 검증 평가는 8개 작업으로 분해된다.(한국직업능력개발원, 2005 : 11-12)

애플의 경우 R&D 노동 과정의 세분화는 더욱 두드러진다. 이는 애플 홈페이지에 기재돼 있는 애플 R&D에 관한 직무 명칭을 통해 확인된다. 하드 엔지니어Hard Enginnering의 경우 679개, 정보 시스템 기술 개발Information Systems and Technology의 경우 389개, 소프트웨어 엔지니어Software Engineering의 경우 748개, 디자인Design은 46개에 이른다. 한마디로 각 작업들은 일종의 조각 그림 같은 퍼즐Jigsaw puzzle에 비유될 수 있다.

여기서 중요한 것은, 세분화된 작업들이 총체성을 획득하지 못하고 각각 진행된다는 점이다. 이 때문에 애플 직원들과 그들이 맡고 있는 퍼즐 조각들의 완성된 모습은 조직의 최상위층만이 알 수 있다. R&D 노동 과정에서의 지적 활동이 총체성을 잃는 순간 각 작업들은 따분하고 지루한 단순 업무로 변질된다.

삼성에 근무하는 A는 필자와의 면접에서 작업의 세분화로 전문가가 관여할 수 있는 범위는 갈수록 좁아진다고 토로했다. "어떤 사람들은 설계만 하고 또 다른 사람은 설계를 구동하며 평가만 한다. 그것도 매우 세분화된 평가들을 여러 사람들이 각각 나누어 맡다 보면 세분화된 영역에서는 전문가가 될지 몰라도 전체 그림을 알 수 없다. 그러나 중소기업에서 비슷한 일을 하는 친구들을 보면 그들의 업무 능력이 더 발전된 것을 종종 확인한다. 한 사람이 여러 가지 일을 했기 때문이다." 또 다른 면접자 B는 "동기들이 10년 정도 일했는데 전문적인 느낌의 노하우나 능력이 있는지 잘 모르겠다고 한다. 대학원 다닐 때보다 지적으로 퇴보했다는 느낌도 많이 받는다"고 말했다. 면접자 C는 "해외의 유명 공대 박사들을 채용하는데 실제 업무에 활용하는 것을 보면 한심한 경우가 많다. 스탠퍼드대처럼 좋은 학교를 나온 인재들에게 단순 작업을 시키는 경우가 비일비재하다"고 말했다. SK 하이닉스의 한 연구원은 "외부에서 보이는 것과 실상은 매우 다르다"며 "연구가 창조적이라는 느낌을 갖기에는 지나치게 세분화되고 단순한 영역의 일을 하고 있다. 자괴감이 많이 든다"고 말하기도 했다. 창조성이 떨어지고 파편화된 노동이 경쟁에 종속돼 있다 보니 대기업의 과학기술 연구자들도 소모품 취급을 당한다. "다른 곳으로 눈을 돌리지 못하게 몰입을 강조"하면서 "연구 기계 취급을 했다. 이런 생활을 오래 하고 나면 담당이 아닌 다른 분야에 대해서는 백치가 된다. 연구하던 기술의 효용이 떨어지면 회사에서 쫓겨난다. 다른 분야에 대해 관심을 가질 틈이 없었기 때문에 회사를 떠나면 다른 일에 적응하기 어렵다."(김용철, 2010 : 274)

노동의 표준화는 노동의 통제로 이어지는데, 이는 R&D 노동에도 적용된다. 표준화된 노동은 초정밀화된 기준에 의해 측정되고 평가된다. 대표적인 것이 컨베이어 라인의 셀 라인으로의 전환이다. 2005년 말부터 삼성전자의 주요 공장은 모두 한두 사람이 제품 전 과정을 책임지는 셀 라인으로 바뀌었다. 셀 라인에서는 작업자 옆에 자동 바코드 인식 카운터기가 설치되고 물건을 만들면 모니터에 생산 수량이 표시된다. 작업자별로 생산 수량이 모두 표시되니 노동자가 휴식을 취하기 어렵다.(박종태, 2013) 노동이 초정밀화된 측정 기준에 의해 평가되는 것은 연구개발 같은 지적 노동에서도 마찬가지다.

둘째, 통제 양식을 보자. 노동의 표준화는 양적 측정 수단을 강화해 통제도 훨씬 효율화된다. 그 결과 글로벌 공급 사슬 조립라인에서의 감시와 통제는 극단적 수준이다.(김진희, 2014 : 228) 조립라인에 적용되는 초정밀화된 측정 도구들로 장시간 노동을 유도하는 것이다. 여기에 고용된 노동 인력도 강화된 노동에 저항하기 힘든 사람들이 많다. 삼성전자의 경우 조립라인의 글로벌 거점인 중국, 베트남, 인도 등에서는 견습공들이나 이주 노동자들이 주로 고용된다. 장시간 노동, 국내 제조라인 노동자 평균 임금의 1/7 정도에 불과한 저임금,[2] 저비용을 위한 견습공 및 이주 노동자들 고용은 삼성전자의 글로벌 생산 네트워크 운영의 주요 전략 중 하나다.(Huong, 2013 : 148) 인도에 있는 노이다 삼성전자 공장의 경우, 전체 고용 인원의 약 50%가 견습공들이다. 이 견습공들은 하루 단 30분의 식사 시간을 휴식 겸

---

2. 베트남의 글로벌 대량생산라인에서 일하는 노동자의 한 달 임금 총액은 250~350달러다.

해서 쉬며 일하고 있다.(Panimbang, 2013) 심지어 2012년 중국노동감시CLW의 중국 삼성전자 모바일 조립공장에 대한 현황 조사 결과에 따르면 구타도 일상적이었다.[3]

작업 과정에 대한 통제는 조립라인에만 적용되지는 않는다. R&D 노동자들은 조립 공장 노동자들에 비해 상대적으로 자율성을 갖고 있다고 말할 수는 있다. 그러나 자율성의 여지가 큰 것은 아니다. 자율성이 많을수록 직무만족이 높아지는 R&D 인력의 직무 특성(김상현, 2008 : 117)을 감안하면 R&D 부문의 노동 과정은 결코 자율적이지 않다. 형태는 다르다 할

---

3. 그 보고서는 모든 공장의 공통점을 아래와 같이 요약했다. "1.성과 나이에서의 차별 존재 2.파견 노동자와 학생 노동자들의 남용 3.회사와 어떤 계약도 하지 못하고 최저 임금도 받지 못하는 불법 파견 노동자들 고용 4.동일 노동에 대해서 동일한 보상을 제공하지 않음 5.불법적인 고용 대리업체를 통해 노동자들을 채용. 이것은 노동자들이 취업 비용을 증가시킴 6.공장이 노동자들의 기숙사 보증금을 청구하고 신분증을 보관 7.장시간 노동 8.강요된 초과 노동 9.노동자들을 모욕하고 구타 10.노동자들의 불만을 표현할 효과적인 구조의 부재. China Labor Watch, 2012(Semtember) 'An Investigation of Eight Samsung Factories in China : Is Sansung Infringing pon Apple's Patent to Bully Workers'. (http://www.hinalaborwatch. org/pdf/Samsung%20Report%200904-v3.pdf)

지라도 연구개발 노동 과정에도 다양한 통제 방식이 사용된다. 정기적이고 잦은 평가와 신제품 출시 및 전시회에 맞춘 제품 개발 압력은 연구개발 노동자들을 통제하는 주요 수단이다. 각각의 조각(작업)들에 대한 평가 제도와 간격은 경쟁사를 이기기 위해 제품 기획과 개발에서 양산 성공까지의 시간을 최대한 단축시키려는 목표에 맞춰 이뤄진다. 삼성전자의 경우 평가는 제품 출시와 전시 일정에 따라 6개월에 두 차례씩 이뤄진다.[4]

창의와 혁신을 각별히 요구받는 디자인 개발 노동자들은 생산라인에 종속된 노동자들과 마찬가지로 시간에 종속돼 있다.[5] 세분화된 작업들은 출고시

---

4. 구글은 노동자들을 5단계 등급으로 평가하는 시스템을 갖고 있다.(Digital Taylorism, The Economist, 2015.9.12.)
5. 제품 혁신 관련 아이디어들이 최고 경영자의 머리에서 나온 것처럼 보이지만 실제로 디자인과 설계는 수천 명 디자이너들의 노동 과정을 통해서 생산된 결과물이다. 애플의 디자인은 1983년부터 애플이 연간 120만 달러를 주며 제공받은 독일 '포로그 디자인' 회사의 노동자들로부터 나왔다. 애플의 수석 디자이너였던 조너던 아이브Jonathan Ive는 디자인 팀장이었던 시절을 회고했는데 이 회상에 따르면 스티브 잡스는 항상 디자인팀의 아이디어가 마치 자신의 것인 것처럼 행세한 것으로 유명했다고 한다.(아이작슨, 2011 : 548)

기에 맞춰 '시간과의 경쟁competing against time'을 벌인다. 최우선 목표는 경쟁 기업보다 더 빨리 혁신적인 제품을 대량생산하는 것이다. 개발 비용을 낮추기 위해 제품 개발에 걸리는 시간을 최대한 줄이려는 것은 세계의 모든 다국적 기업들의 철칙이다. 애플의 팀 쿡이 애플의 모든 직원에게 필독을 의무화한 책 『Competing against time』에 나오는 문구처럼 "상한 우유를 살 사람은 아무도 없다"는 것이다. 이는 한국 재벌의 기업들에게도 적용되고 있다.[6] 신제품 개발을 위한 시간 경쟁을 위해 정교한 모니터 방식이 통제 수단으로 사용된다. 디지털 기술 혁신은 각각의 연구개발 공정에서 인간 자원을 더 정교한 방식으로 평가하고 모니터하는 방법을 만들어 내고 있다.

평가 일정에 따라 혁신적인 제품 기획과 설계안을 내지 않으면 안 되는 압력 속에서 노동강도가 높아지고 시간 연장이 이뤄진다. 많은 연구개발 노동자들에게 적용되는 자율 출퇴근제는 잦은 새벽 퇴근이

---

6. 삼성전자는 복수의 팀이나 조직이 특정 기술 혹은 제품을 병행개발parallel development하도록 해서 치열한 내부 경쟁을 통한 스피드 향상을 도모하는 전략을 추구해 왔다.(송재용·이경묵, 2013 : 226)

나 귀가 포기와도 통하는 말이다. 신상품 출시가 임박하면 R&D 연구원들의 업무 강도는 수직 상승한다. 저녁 회의 때 제출된 설계도면은 다음날 오전 회의 전까지 수정 보완돼 더 진전된 것으로 제출돼야 한다.

그 결과는 자발적인 노동강도 강화와 장시간 노동으로 이어진다. '죽음의 행진death march.' 이는 프로젝트 마감일이 코앞에 닥쳐 팀원의 노동강도가 가혹할 정도로 가중된 상황을 표현하는 소프트웨어 업계 용어다. 이 같은 노동은 스트레스의 수직 상승으로도 이어진다. 삼성전자의 연구개발 과정을 지휘하는 약 200명 정도의 연구위원들은 연구자인 동시에 각 팀의 연구자들을 통솔하는데, 이들은 경영진의 극심한 압박을 이기지 못하여 자살하는 경우도 있다.(박종태, 2013)

장시간 노동과 노동강도 강화에 따른 스트레스를 흡수할 장치들도 있다. R&D센터의 다양한 시설 환경이 그것인데, 이는 장시간 노동의 유인책일 뿐이다. 이것은 편익 시설이 좋기로 유명한 구글도 마찬가지다. 구글의 노동 조건에 관한 설문조사에 포스팅된 58

개의 글 모두가 장시간 노동 및 노동과 삶의 심한 불균형에 관한 내용들로 채워져 있다. 구글 노동자들은 무료 식당, 스포츠 시설, 레스토랑, 카페, 강연 등의 시설 환경을 자발적인 장시간 노동을 이끌어 내는 일종의 유인책이라고 느끼고 있다.(Fuchs, 2014 : 223~225) 우면동에 세워진 삼성전자 종합 R&D센터의 다양한 시설 환경도 구글과 같은 종류의 유인책이다.

통제를 위한 각종 심리적 도구들도 사용된다. 자부심 불어 넣기를 통한 충성심 강화 전략이나 서로를 비판하도록 권장하는 '다윈이즘Darwinism' 전략이 그 사례다. 삼성전자의 경우 충성심 강화 전략은 중요한 통제 전략이다. 삼성맨이라는 자부심은 회사에 대한 강력한 충성심으로 이어져 자발적인 노동 강도 강화를 감내하도록 한다. 삼성전자가 중국 공산당에 대한 연구에 상당한 자원을 활용하려고 하는 까닭도 여기에 있다.[7]

---

7. IT 미디어 기업 아마존에서 일했던 전 노동자는 아마존 사내 문화를 적자 생존에 기반을 둔 '다윈이즘Darwinism'에 비유했다. 아마존에서는 회의를 할 때 서로의 아이디어를 비판하는 것이 권장된다. 마케팅 부서에서 일한 한 노동자는 "회의실 밖을 나서면 남녀 불문하고 두 손으로 얼굴을 가리

셋째, 그렇다면 보상 체계는 어떤가. 연구개발 노동자들이 각종 스트레스와 노동강도 강화를 참아 내는 이유에 관해서 의문을 던질 수 있다. 글로벌 전자산업의 환경 정의에 대한 근본적인 물음을 던졌던 테드 스미스Ted Smith도 비슷하게 던졌던 질문이다.(스미스, 2006 : 320) 테드 스미스는 그 이유 중 하나로 노동자들에게 보너스 형태로 지급되는 스톡옵션 등을 꼽는다. 그는 스톡옵션 등의 보너스가 회사와 노동자의 관계를 밀착시킨다고 말한다.(스미스, 2006 : 320) 이것이 조립라인뿐 아니라 R&D 노동 과정에서의 불만을 통제하는 중요한 기제임에는 분명해 보인다. 실제로 동종 업계 간 임금을 비교해 보면 삼성전자 연구직들의 임금은 높은 수준이다. 2014년 삼성전자가 금융감독원에 제출한 사업보고서를 종합하면 삼성전자가 본사 소속 직원들에게 지급한 평균 급여액은 연간 1억 200만 원이다. 물론 이는 경영진들의 임금을 모두 합산해 평균을 낸 값이다.

높은 비율의 성과 인센티브와 업적 반영 비율의

고 있는 모습을 볼 때가 많았다"며 "함께 일한 거의 모든 사람들이 자신의 책상에서 울곤 했다"고 회상했다.

증가는 연구개발센터 노동자들에 대한 보상 체계에서 상당히 중요한 대목이다.[8] 선행 연구에서 공통적으로 지적됐듯이 삼성전자 이익 배분의 지급 한계는 연봉의 50%로 설계돼 운영되고 있다. 최근에는 초과이익의 20% 한도 내에서 개인 연봉의 최대 50%까지를 성과 인센티브로 지급하고 있는데, 이 이익배분은 1:1 별도 계약을 통해 이뤄지고 있다. 그 결과 삼성그룹은 다른 기업이나 재벌보다 동일 직급 간, 임·직원 간 임금 격차가 매우 크다. 이 임금 격차는 연구개발 노동자들에게 경쟁심과 충성심을 자극하는 기제로 작용한다.

성과 인센티브 제도가 연구개발 노동자들에게만

---

8. 마르크스(2005)가 일찍이 성과급제 임금의 효과를 다음과 같이 세가지로 정리한 것(첫째, 상품 질에 대한 책임을 노동자들에게 돌리기, 둘째, 노동량을 측정하는 가장 확실한 척도를 제공해 노동의 표준 강도를 강화하기, 셋째, 노동자들 상호 간의 경쟁심을 촉발시키기)은 삼성전자에도 고스란히 적용된다. 이러한 성과주의적 보상 체계가 기술혁신을 자극하기보다는 업무 스트레스를 높여 역작용을 일으키는 요소가 될 수 있다는 점에 관해서는 좀더 많은 연구가 필요할 것이다. 수익성이 급격히 저조해지고 기존의 보상 체계가 흔들릴 경우 누적된 불만은 급작스럽게 폭발할 수 있다. 류성민(2014)은 과도한 성과주의의 추구 혹은 큰 임금 격차는 구성원의 불만족과 불평등 감정을 촉발해 태도와 행동이 부정적일 수 있다는 연구 결과를 소개한다.

적용되는 것은 아니다. 동료 노동자들 사이에서 경쟁을 강화하는 삼성전자의 성과주의적 보상 체계는 제조라인에서 더욱 심화된다. 제조라인에서는 인사고과가 연봉에 그대로 적용되기 때문이다. A+(3%), A(7%), B+(10%), B(15~20%), C(20~25%), C-(15%), D(5%)로 구성되는 인사고과 제도는 노동자들이 동료를 경쟁자로 인식하게 만든다.

연구개발 노동의 경우는 제조라인과 다른 방식으로 성과주의 보상 체계가 작동하여, 각자의 성과가 고액의 보너스나 스톡옵션뿐 아니라 임원으로의 승진으로 연결될 수도 있다. 삼성전자의 임원진은 사장-센터장(부사장급)-실장(전무급)으로 이뤄져 있다. 임원이 되기 전에는 수석연구위원(부장급)-책임연구원(과장급)-선임연구원(대리급)-일반연구원(사원)의 4단계를 거쳐야 한다. 엔지니어 직군이 5단계를 거쳐야 하는 경우에 비해 연구개발 직군의 승진은 더 압축적이다. 제품 개발이 양산에 성공해 시장점유율을 높일 경우 비교적 조기에 임원으로 승진할 수도 있다.

삼성 연구원 C와 면접한 내용을 보면 연구개발

노동자들의 노동 수용에 대해 어느 정도 설명이 된다. "수석연구원 초반에 임원이 될 것 같다는 느낌이 오면 매우 공격적으로 연구에 임한다. 그러나 임원이 되지 못하겠다 싶으면 이직을 하거나 퇴직을 한다. 경기가 안 좋은 경우 퇴사는 자발적 선택이 되기 힘들다." 물론 누구나 다 임원이 되지는 못한다. R&D는 경쟁에서 뒤처지는 품목이 생길 경우 가장 먼저 해고 대상이 되기도 한다. 아이폰이 출시되고 심비안 OS(운영체제)가 뒤처지자 노키아가 R&D 인력의 40%를 구조조정한 것이 그 사례다.[9] 연구개발 노동들에 대한 보상은 다른 공정에 비해 상대적으로 나을지 몰라도 더 큰 불안정성을 안고 있다.

대량생산라인이 있는 삼성전자의 R&D 노동 과정은 생산라인이 없는 것에 비해 몇 가지 특징이 있다. 다양한 부품들 및 완성품을 생산하는 기업의 경우 노동의 표준화는 더 세밀하게 진행된다. 반도체 공정 과정만 보더라도 설계, 마스크, TR, CAP, 금속배선, 검사 등으로 구성되는데, 이 중 R&D에 해당하는 작

---

9. 〈MK 뉴스〉 2011년 4월 13일자

업 공정은 〈표2〉와 같다. 이 가운데 회로설계, 소자개발 부문이 R&D의 핵심적 부문이다. 설계뿐 아니라 소자개발엔지니어, 공정기술개발엔지니어 등도 세부적인 작업들로 분화된다. 예를 들어 공정기술개발 업무 하나만 봐도 이는 공정기술 데이터 관리, 데이터 분석, 불량분석 및 공정개선, 수율분석, Staff 업무, 반도체소자개발, TPM_{Total Productive Maintenance}, Photo resist 등으로 분해되고 각 공정은 더 작은 작업들로 분해된다.

여기서 중요한 사실은 자체 생산라인을 소유하고 있지 않은 팹_{Fab, 생산라인}리스 R&D 유형과는 달리 삼성 연구개발 과정의 노동 표준화는 제품의 동질성이나 수율(생산 라인 등에서 실제로 생산되는 생산물의 양을 이론상 기대할 수 있는 최대 생산량으로 나눈 값) 등의 추가 압력에 직접 노출돼 있다는 점이다. 대량생산을 성공시켜야 한다는 압력 때문이다. 아무리 최적화를 빠르게 해 시제품을 개발해도 양산라인에서 제품의 동질성, 수율, 생산성 등이 확보되지 못한다면 양산 지연이 불가피하다. 인텔은 제품개발이 정확하게 양산 과정에 반영되어야 하는 상황

표2: 반도체 공급사슬과 작업공정

공정		직업명	직업개요
디자인과 엔지니어 ㉮	반도체 회로설계 ㉮-1-1	반도체설계 엔지니어	집적회로 처리속도의 개선이나 고객의 요구에 적합한 반도체 집적회로(IC)를 제조하기 위하여 설계도면(layout)을 개발
		Soc설계 엔지니어	여러 개의 칩에서 수행하던 기능을 하나의 반도체 칩에서 실현할 수 있도록 반도체 설계도면을 개발
		회로설계원	반도체설계기술자의 지시에 따라 회로도면(layout)을 CAD나 기타 프로그램을 이용하여 도면으로 작성
	반도체 소자개발 ㉮-1-1	반도체소자 개발엔지니어	반도체의 전기적인 특성을 개선하기 위하여 단위 공정별로 새로운 기술을 연구·개발
	공정집적 ㉮-2-1	반도체공정 기술개발 엔지니어	반도체 회로설계 layout과 공정별 제조기술을 집적하여 실제 소자를 개발하는 시뮬레이션을 통하여 연구·개발 결과를 테스트함과 동시에 양산을 위한 반도체 제조공정을 개발
	웨이퍼 생산 ㉮-2-2	웨이퍼제조 엔지니어	반도체의 제조에 사용되는 단결정 실리콘 웨이퍼의 제조공정 기술 및 가공기술을 연구
		웨이퍼제조 기술공	웨이퍼제조기술엔지니어의 지시·감독 하에 웨이퍼 생산기기의 동작을 관리하고 웨이퍼를 생산하기 위한 세부지침이 준수되고 있는지 확인

* 출처_〈한상근 외(2005)〉와 면접자들의 증언을 중심으로 필자가 재구성

을 'Copy Exactly' 전략으로 부른다.[10]

삼성전자에서 이와 비슷한 것은 이건희가 1990년대부터 강조해 온 '개발 양산의 동기화 전략'이다.(장혁준·남기준, 2012 : 101~102) 주로 메모리 반도체 분야에서 적용된 이 전략에 따라 R&D 노동 과정의 범위가 확대된다. 이를테면 개발 PA Process Architecture 팀의 권한 및 책임이 대표적이다. 양산 이전까지의 공정을 조직하고 계획하는 PA팀은 개발 완료 후 바로 생산 공장으로 배속돼 양산 이전까지 총괄책임을 맡게 된다. 즉 단위 공정 엔지니어, 설비 엔지니어, 오퍼레이터들과 협업하면서 양산에 들어가기 전 수율을 높이고 조기 양산 안정화 단계까지의 과제를 수행한

---

[10] 인텔은 1980년대 중반 이를 모든 생산 공장을 운영하는 원칙으로 제창했다. 상품마다 공정방식 및 과정과 제조 장비들을 표준화해, 인텔 어느 공장에서 제조했든 똑같은 품질의 상품을 생산할 수 있게 되었다. 'Copy Exactly' 전략은 원가 절감보다 상품이 시장에 신속하게 소개되는 것에 초점을 맞추어 최적화한 프로그램이다. "신제품을 개발하는 과정에서 적용했던 생산 프로세스, 장비 세트, 부품 공급사, 클린룸, 작업자 교육 방법까지 모든 것을 카피해서 그대로 양산라인을 구축한 것인데 양산 초기 단계의 시간낭비를 줄이고 수율을 올리는 효과가 바로 나타났다. 처음 이 제도가 적용된 1985년 인텔의 매출액은 13억 6000만 달러였지만 이 제도 정착되면서 매출액은 162억 달러로 10배 이상 뛰었다.(조현재 외, 156-157)

다는 것이다.(장혁준·남기석, 2012 : 102) 특히 반도체에서 PA팀은 개발과 양산에 이르는 매우 타이트한 공정에 묶여 있다. 반도체 개발자로 일본의 반도체 기업과 삼성전자를 비교한 노가미 다카시野上武(2009 : 75)는 일본의 경우 "개발부서deveolopment department와 양산부서mass production department가 조직적으로 명확하게 분리돼 있지만" 삼성전자는 "수율을 높이기 위해 개발에서 양산으로, 양산에서 개발로 팀이 바뀐다"고 지적한다. 즉 처음부터 양산을 고려하고 수율이 높은 공정을 구축하기 위해 개발팀이 양산과정에 개입하는 것이다. 수율 향상은 양산 부서만의 일이 아니라 개발자의 핵심 미션이다. 개발과 양산이 결합되는 노동 과정이기 때문에 자율성과 창의성을 높일 수 있는 조건은 애초에 허락되지 않는다. 수율을 높이기 위한 타이트한 작업이 이미 연구개발 단계에서부터 빈틈없이 적용되는 것이다.

무엇보다 삼성전자 R&D 노동 과정의 핵심적인 특징은 별도의 R&D용 팹을 가동시킨다는 점이다.[11]

---

11. 삼성전자 연구개발 부서의 경우, 연구용 팹이나 생산라인 근무 노동자들의 비중은 상당히 높다. 이는 전자기업 연구

연구용 팹은 개발된 기술을 양산에 정확하게 적용해 양산 기간을 단축하는 수단이다. 개발된 기술을 그 때 그 때 바로 시험해 볼 수 있다는 점 때문에 연구소들은 연구용 팹을 별도로 가지길 원한다. 연구용 팹 소유는 연구소의 경쟁력을 말해 주는 것이기도 하다.

그 결과 한국 전자 산업의 경우 2000년대 초중반부터 연구개발을 위한 별도의 팹이 만들어졌다. 삼성전자 사업보고서에 따르면 삼성전자는 이미 2005년부터 6개의 R&D 팹 라인을 확보했고, 하이닉스 사업보고서에 따르면 하이닉스는 2006년에 처음으로 R&D용 팹을 개소했다. 삼성전자는 해외에도 연구용 팹을 만들기 시작했는데, 삼성전자는 ODA 자금으로 디자인센터 및 IP코어 허브 육성을 목표로 베트남에 연구용 팹을 건설 중이다.[12]

개발 부서에 근무하는 노동자들의 인터넷 게시판에서도 확인된다. "연구소의 경우 학사 졸 대부분은 공정으로 배치하고 라인근무는 필수라고 봐야겠죠. 라인근무 안할 경우도 종종 있겠지만 장치 산업인 반도체 산업에서 라인을 들어가지 않고 무엇을 연구개발 할 수는 없습니다."
http://www.scieng.net/zero/view.php?id=adujob&no=8899

12. http://www.ois.go.kr/portal/page?_pageid=93,721534&_dad= portal&_schema=PORTAL&p_deps1=info&p_deps2=&oid= 1130607174017810645

중요한 점은 시제품을 만들거나 전시용 제품을 만들기 위해서 만들어진 연구개발용 팹의 경우, 공정기술이 변화하면서 사용되는 화학물질의 종류가 바뀌는데도 그 처리 기술이 공정 기술의 변화를 따라잡지 못한다는 것이다. 그 결과 연구용 팹의 작업 환경은 양산용 팹보다 더 열악할 가능성이 크다. 반도체 공정라인 건설에는 막대한 예산이 소요된다. 특히 클린룸과 방진시설 등을 만드는 데 엄청난 액수가 들어간다. 이 때문에 기업은 연구용 팹에 양산용 팹과 같은 클린룸이나 각종 시스템들을 구비하지 않는 경우가 많다.

삼성의 연구개발 노동자 C의 증언을 보자. "양산용 팹과 달리 연구용 팹은 4~5년 뒤에 양산할지도 모를 제품을 만들다 보니 시험 삼아 해 보는 일이 많은데, 위험한 경우가 많다. 양산 라인이 아니기 때문에 안전에도 많은 돈을 쓰지 않는다. 양산용 팹보다 노동 환경이 매우 열악하다. 매우 노후해 생산성이 떨어지는 노후 라인을 연구 라인으로 개조해서 쓰기 때문이다."

대량생산을 위한 각종 실험에 노출돼 있는 재벌

R&D 연구원들의 불안은 현실적이다. 필자는 삼성 R&D센터에서 일했던 한 연구원이 현재 백혈병 치료를 받고 있음을 확인했다. 삼성전자의 직업병 문제에 관해 연구와 상담 및 연대 활동을 해 온 단체의 활동가 A도 면담과정에서 "개발과 양산이 결합된 노동 과정인 까닭에 R&D 부서에서 일하는 노동자들 가운데 백혈병 환자들이 발생하고 있다는 징후들이 자주 포착된다"고 말했다. 발병을 확인하고 이 단체에 상담을 요청해 온 R&D센터의 노동자도 상당수에 이른다고 한다. 또 다른 기업의 R&D 연구원인 D에 따르면 R&D 연구원들은 "내부 부품 등을 자세하게 파악하기 위해 재료를 분쇄하는 경우도 많다. 그 과정에서 인체에 해로운 물질들이 많이 발생해 불안하다"고 말했다. 대량생산에서의 수율은 시간의 문제이기도 하다. 주어진 시간 안에 얼마나 빨리 수율을 높일 것인가가 중요하므로 이는 성과를 내야 하는 연구 기간을 단축시키는 압력으로 작용한다.

이를 위해 삼성전자 등은 병행 개발에 따른 성과급 중심의 보상 체계를 강화해 왔다. 사실 삼성전자, 특히 삼성전자 반도체의 경우 연구개발의 역사는 병행 개발의 역사라 해도 과언이 아니다. 기흥 본사 개발팀과 미국 현지법인인 SSI Samsung Semiconductor, Inc 도 경쟁 체제로 운영됐다. 또 본사 개발팀은 이익을 극대화하는 공정 플로를 구축하기 위해 30인으로 구성된 5개의 팀을 가동시킨다. 예를 들어 A팀이 중심이 되어 특정 품목을 개발한다고 할 때 B~E까지의 네 팀이 각각 관련 품목의 시험 제작을 동시에 진행한다. B~E팀 간에 생존을 건 치열한 개발 경쟁이 시작되고 보다 높은 수익률을 보장하는 공정 플로가 선택된다.(노가미 다카시, 2009 : 75) 동료 팀을 경쟁에서 이겨야만 성과급을 더 많을 수 있다 보니 동료 의식보다는 경쟁의식이 팽배해질 수밖에 없다. 이 같은 병행 개발이 더 큰 스트레스와 노동강도 강화를 가져오는 것은 물론이다. 삼성의 연구원 B는 "긴 안목으로 진행하는 장기적인 연구 등을 기대하기 어렵다. 연구개발 시간이 짧다 보니 개발이 주먹구구식으로 진행될 소지도 크다"고 지적한다. 다른 연구원 C는 "병원에 갈 시간조차 없다. 몸이 힘든데 어떻게 제대로 된 연구 성과가 나올 수 있겠는가?"라고 토로하기도 했다. 슈퍼추종자 전략과 기민한 생산방식은 바로 연구개발 시간을 더 단축시키고 그 결과를 대량생산으로 연결시키는 방법, 또는 연구개발 인력을 마른 수건 짜듯(도요타의 표어) 쥐어짜는 노동력 착취 전략의 전형이라고 할 수 있다.

3) 제조라인에서 강화되는 노동착취

한국 재벌기업들의 노동 표준화, 통제 강화, 경쟁 강화 보상 체계는 제조라인에서 더욱 심화된다. 노동 표준화는 현대자동차나 삼성전자가 첨단을 달린다. 앞서 언급했듯이 2005년 말부터 삼성전자의 주요 공장은 한두 사람이 제품 전 과정을 책임지는 셀 라인으로 바뀌었다. 라인 작업자 옆에 자동 바코드 인식 카운터기가 설치되고 물건을 만들면 모니터에 생산 수량이 바로 표시된다. 보상 체계도 더 잔인해진다. 인사고과가 그대로 연봉에 그대로 적용되기 때문이다. A+에서 D까지 7단계로 구성되는 삼성전자의 인사고과제도는 노동자들이 동료를 경쟁자로만 인식하게 만든다.

삼성 반도체 노동자들의 고위험 노동은 전 세계에 잘 알려져 있다. 반도체 노동자들의 직업병 판정을 둘

러싼 오랜 논쟁 과정을 통해 노동자들이 제조 과정에 사용되는 발암물질을 통제할 수단을 전혀 갖고 있지 못했다는 사실이 분명하게 드러났다. 잘 알려져 있듯 이 노동자들이 입는 '버니 수트(방진복)'는 유독 물질로부터 신체를 보호하는 게 아니다. 웨이퍼에 불순물이 들어가는 것을 막기 위한 것이다. 호흡 장치가 갖춰진 보호 장비는 바이어나 VIP에게만 제공된다.(김성희, 2012 : 119) 제조 과정에서 사용되는 화학물질 중에는 인간의 신장과 간을 심각하게 훼손시킬 뿐만 아니라 지하 수맥을 타고 이동해 토양과 물을 오염시키는 트리클로로에틸렌TCE도 포함돼 있다. 이는 미국환경보호국EPA이 지정한 1급 발암물질이다. 삼성전자는 TCE를 사용하지 않는다고 발표했지만 2010년 5월 삼성반도체 기흥공장 엔지니어들에게 나눠주는 '환경수첩'에는 반도체 공정에서 사용되는 각종 유해물질 목록이 기밀로 분류돼 적혀 있었다.(김종영, 2013 : 278) 직업환경 보건 분야의 저명한 국제학술지인 「International Journal of Occupational and Environmental Health」에 실린 한 연구는 '삼성전자 공장에서 백혈병에 걸린 사례 58건 중 백혈병과 비호

지킨 림프종 사례 17건을 상세히 분석하여 벤젠·포름알데히드·비소 등의 발암물질이 사용됐음'을 입증했다.(Inah, 2012)[13]

이를 의식해서인지 삼성전자는 「삼성전자 지속가능 경영보고서」를 통해 "국내를 포함해 미국, 스웨덴, 중국 등 세계 10대 친환경 제품 인증기관으로부터 2013년 말 누적 기준, 글로벌 전자업게 최다인 총 3285개 모델의 환경마크 인증을 취득하여 친환경 제품 개발 및 출시를 선도"한다는 입장을 발표하고 있다.(삼성전자, 2014 : 118) 그러나 TCE 등의 물질 사용에 관한 질의는 여전히 회피하고 있다. 미국 국립과학재단 National Science Foundation의 과학자들에 따르면 2g짜리 마이크로 칩 하나를 생산하기 위해 화학연료와 화학물질이 적어도 1600g이나 사용된다.(그로스만, 2008: 18) 이런 상황에서는 작업자들의 건강이 1차적으로 침해받을 수밖에 없다.

---

13. 미국 반도체 제조 과정에서 사용된 유독물 질들로 실리콘밸리 주변 지역의 물과 토양까지 오염되어 제조과정의 노동자들뿐 아니라 지역 주민들의 건강까지 위협했다는 사실은 이미 널리 알려져 있다.
(스미스, 2006 : 366~399 ; Pellow and Park, 2002)

삼성전자의 직업병은 갈수록 글로벌화되고 있다. 베트남 삼성전자의 경우 2012년부터 여성 노동자들의 불임 등 높은 수준의 위험이 문제로 제기됐다. 약 5000명의 노동자들이 일을 포기하고 고향으로 돌아갔을 정도다.(Huong, 2013 : 150) 삼성전자 공급사슬의 자회사들은 상황이 더 심각하다. 삼성전자 협력업체인 대만의 Young Fast Optoelectronics YFO는 갤럭시의 터치 스크린 패널과 같은 부품들을 만든다. 이곳의 노동자들은 하루 11시간씩 일하고도 형편없는 저임금을 받는다. 또 생산 과정에서 화학 물질들이 사용되는 것을 모르면서[14] 일회용 활성탄 마스크만을 지급받는다.(Panimbang, 2013)

노동의 표준화를 통한 노동의 통제는 현대자동차도 마찬가지다. 「현대자동차 노동강도 평가와 대안 마련을 위한 연구」라는 논문에는 '모답스 MODAPTS: MODular Appliction of Predetermined time Standards'가 소개된다. 노동자들의 동작 하나 하나를 세분화해 측정하는 기술을 뜻한다. 현대자동차의 방식대로 계산하

---

14. 2009년에 폭스콘에서 약 2백 명의 노동자들이 헥산에 중독됐다. 그들은 독성물질에 대해 정보를 듣지 못했다고 한다.

면 노동자의 동작을 표준화했을 때 한 단위인 1MOD는 0.129초다. 숙련 노동자들의 경우에는 0.1초까지 줄어든다. 피로 회복 여유를 포함해서 0.143초로 규정하는 경우도 있다. 이 같은 노동의 표준화 측정 방식을 통해 1시간에 몇 대의 자동차를 만들 수 있는지, 만들어야 하는지를 그룹 경영진들은 계산하고 또 계산하는 것이다.

이에 대한 보상 체계는 어떤가. "현대차 노동자들의 임금은 외국 자동차 공장 노동자의 절반밖에 안 되기 때문에 그들보다 5개월을 더 일한다."(《들불》, 제2민주노조운동실천단) 재벌의 제조업 노동자들이 마치 귀족 노동자들인 것처럼 말하지만 실제로 한국 제조업 정규직 노동자들의 시간당 임금은 매우 낮다. 기본급이 낮은 까닭은 시간당 임금이 낮기 때문이다. 현대차 19년차 정규직 노동자의 기본급은 약 180만 원이다. 먹고살기 위해서는 잔업, 철야, 특근 등으로 장시간 노동 레이스를 펼쳐야 한다. 19년차 정규직 노동자가 7700만 원의 연봉을 받기 위해서는 잔업, 철야, 특근까지 하루 13시간씩 일해야 한다. 물론 여기서 받는 돈의 10%는 세금이다. 재벌 총수 가족들과 달리 정규직 노동자들의 월급봉투는 유리알처럼 투명하다. 주말 특근을 네 번 하면 한 번은 고스란히 세금으로 떼인다는 계산도 있다. 매달 특근 한 번을 국가에 헌납하는 셈이다. 특히 박근혜 정부의 노동자 유리지갑 털기로 해마다 떼이는 세금은 100만 원 이상 늘어났다. 이렇게 1년에 20여 일밖에 안 쉬면서 330여 일을 일하는 정규직 노동자 가운데 10여 명은 해마다 과로로 죽는다. 주간 연속 2교대제가 도입됐지만 현대차 기술직(생산직) 노동자의 평균 노동시간은 여전히 연간 2500시간에 육박한다. OECD 회원국 평균보다 무려 800백 시간, 약 5개월을 더 일하는 것이다. 이는 현대차 사측이 2012년 초 고용노동부에 제출한 '장시간 근로 개선 계획서'에서도 확인된다. 보고서에 따르면 "현대차 조합원은 미국 자동차 공장 노동자 시급의 41.6%를 받으면서 4.2개월을 더 일"했다. 이것이 낮은 시급을 벌충하느라 장시간 노동에 시달리는 재벌 정규직 노동자들의 현실이다. 그 결과 현대차 노동자들의 평균 수명은 62.1세라는 통계도 있다. 한국 남성 평균 수명보다 15년 정도 일찍 세상을 떠나는 셈이다.

표준화가 가하는 잔혹한 노동과 낮은 보상 체계는 고위험 노동을 강요한다. 현대중공업을 비롯한 조선업종 노동자들은 심각한 고위험 노동에 시달리고 있다. 세계 조선소 사상 유례없는 신기록을 세운 울산 현대조선소의 건설 과정은 총칼 없는 전쟁이었다. 1973년 한 해 동안에만 조선소에서는 1894건의 산재 사고가 일어나 34명이 목숨을 잃었다. 1974년에는 7월까지만 1566건의 사고로 25명이 숨졌다. 하루 평균 8건, 3시간에 한 건씩의 사고가 발생한 셈이다. 현대중공업 설립 이후 지금까지 400여 명이 산업재해로 사망했다. 현대중공업에서도 사내하청 노동자들의 재해사고 위험은 더 심각하다. 결국 목숨을 담보로 숙련 기술을 스스로 터득한 재벌 조선업종의 숙련 노동자들이야말로 현재의 조선산업을 일군 장본인들이다. 건설 당시 울산조선소의 구호는 '더 빨리'였다. 한 노동자는 그때를 다음과 같이 회고한다. "우리는 정말 미친 듯이 일했습니다. 저는 용접을 했는데 최고 40시간까지 잠 한숨 못 자고 일한 적도 있습니다. 이렇게 일하다 보면 안전이고 뭐고 정신이 하나도 없지요. 멍한 상태에서 이동하다 떨어져 죽은 사람도 수두룩했습니다. 죽은 사람에 대한 보상은 돈 몇 푼으로 끝났습니다."

경부고속도로를 건설한 것도, 조선소와 자동차를 만든 것도 박정희나 정주영이 아니었다. 불철주야 일한 노동자들이었다. 정주영은 노동자들 없이는 단 하나의 공장도, 단 하나의 부품도 만들어 내지 못했을 것이고, 부와 명예도 얻지 못했을 것이다. 정주영은 노동자들에게서 그들의 생산물뿐 아니라 생산의 주역이라는 명예까지도 강탈해 갔다. 장시간의 고강도, 고위험 노동 강요 전략이야말로 기술혁신과 시장점유율 향상을 이루어 온 재벌 성공 신화의 결정체라 할 수 있다. 그럼에도 노동자들은 재벌이 위태로울 때마다 대가를 치러 왔다. 국제통화기금IMF 구제금융 때가 그 절정이었다. 이것으로도 모자라 재벌은 해고를 보다 손쉽게 하기 위해 노동법 개악에 노심초사하고 있다.

"자본가들은 노동자들이 너무 열심히 일하지 못하게 말려야 한다." "일주일에 4일 일하면 3일은 쉬어야 한다." "일주일 중 나흘 동안 지나치게 몰두하는 것이 나머지 사흘을 노는 것의 진정한 원인인 경우가 많다. 휴식에 대한 욕구는 자연의 요구며 때로는 편안히 쉬는 것에 의해, 때로는 유흥과 오락에 의해 그 요구를 충족시켜야 한다." "알맞게 노동함으로써 끊임없이 노동할 수 있는 사람이 자기의 건강을 가장 오랫동안 유지할 뿐만 아니라 일 년 전체를 보면 가장 많은 양의 노동을 수행한다는 사실이 모든 업종에서 판명되리라 믿는다." 아담 스미스의 『국부론』에 나오는 말들이다. 아담 스미스는 이 책에서 고임금에 관해서도 역설했다. "고임금 지급으로 국부가 증대한다." "노동에 대한 후한 보수는 인구증가를 자극하면서 보통 사람의 근면을 증대시킨다. 노동 임금은 근면을 장려하는데 근면은 인간의 기타 성질과 마찬가지로 그것이 받는 장려에 비례해 증대한다. 풍부한 생활수단은 노동자의 체력을 증진시키고 자기의 상태를 개선시키며…… 임금이 높은 곳에서는 낮은 곳보다 노동자들이 활동적이고 부지런하고 신속하다는 것을 보게 될 것이다. 예를 들어 스코틀랜드보다는 잉글랜드에서, 그리고 농촌 지방보다 대도시 주변에서 그렇다."

아담 스미스를 '보이지 않는 손', 다시 말해 규제

완화와 시장 천국의 중시조라 여기는 사람들의 입장에서는 상당히 당혹스런 구절일 것이다. 물론 이들은 '보이지 않는 손'이 『국부론』의 4장에서 단 한 번밖에 등장하지 않는 것에 놀랄 수도 있다. 한국 재벌의 노동력 쥐어짜기를 고전경제학자인 아담 스미스가 살아 있다면 뭐라고 말할까?

5. 재벌의 해외 진출이 자랑스럽다고?
글로벌 착취 기업으로서의 재벌

달도 차면 기우는 법. 국내외 은행 가릴 것 없이 돈을 빌려 사업을 했던 재벌들의 차입 문제는 1997년부터 드러나기 시작했다. 한국을 비롯한 아시아의 기업들은 투자와 단기 자본유통을 외채에 의존하여 왔다. 그러나 특정 부문에 대한 과다한 투자와 수익성 악화가 맞물렸고 97년 9월 말 금융기관의 부실 채권도 96년 말의 두 배 수준인 32조 원(GDP의 7.5%)으로 급격히 상승했다. 설상가상으로 주가까지 급락했다. 이런 상황에서 IMF 구제금융은 실로 한국 자본주의의 중요한 전환점이었다. 당시 2000년부터 재정 흑자를 유지하라는 IMF의 압력을 받았던 한국 정부는 주요 공기업들을 헐값에 매각했다. 이때 유치된 외국인 투자의 많은 부분이 자산을 헐값에 인수하는 데 사용된 '기업 구조조정 투자vulture investment'였다. 이들 투자가들은 알짜배기 자산을 매수해 이익을 챙긴 뒤 서둘러 한국을 떠났다. 하지만 국내 재벌들이 IMF로 손해를 본 것만도 아니다. 오히려 일부 대기업들은 IMF 구제금융을 계기로 본격적으로 인원 정리에 나설 수 있었고 보다 가벼워진 몸으로 해외투자에 본격적으로 나섰다. 1998년 이래 4000개 이상의 한국 공장들이 생산 기지를 한국 밖으로 이동시켰다.(Hart-landsberg : 2006) 1990년대부터 글로벌 기업을 꾀한 재벌이 글로벌화를 추진하는 계기로 IMF 국면을 활용한 셈이다.

특히 삼성은 2000년대 이후 본격적으로 추진한 글로벌화의 주요 기반을 IMF 구제금융 당시 모기업 노동자들을 대량 해고하며 마련했다. IMF 위기 상황에서 삼성은 '구조조정본부'에서 주도한 2년간의 구조조정 끝에 1998년 61개에 달하던 계열사를 2000년 45개로 감축했다. 이 과정에서 삼성은 16만 7000명이던 임직원을 11만 3000명으로 줄였다. 3분의 1

에 해당하는 인원이 정리해고되거나 삼성에서 분리된 삼성 협력사 노동자로 전환된 것이다. 삼성 전자의 해외 계열사 역시 감축 드라이브에 동참, 1996년부터 1998년 동안 전체 노동자의 약 40%에 해당하는 1만여 명이 해고됐다.

표3: 삼성전자 고용 변화

1996년 말			1997년 말		
생산직	사무직	총계	생산직	사무직	총계
25,436	33,650	59,086	22,097	35,702	57,817

1998년 말			1999년 상반기		
생산직	사무직	총계	생산직	사무직	총계
13,546	28,608	42,154	21,126	18,353	39,479

* 자료: 전자산업 대기업의 노사관계와 작업장 체제, 한국노총(장대업 엮음, 『아시아로 간 삼성』에서 재인용)

1990년대 후반부터 이루어진 이런 성공 덕분에 1993년 이후 10년 동안 삼성의 판매량은 3.4배 증가했으며 이윤은 무려 28배나 증가했다. 경제위기 한가운데에서 대규모 인적 자원 구조조정을 통한 철저한 비용 절감과 정리해고를 피하려는 노동자들의 필사적인 노동 덕분에 삼성전자는 1997년에 이어 1998

년에도 큰 수익을 올릴 수 있었다. 1997년에는 순이익 8726만 달러, 1998년에는 2억 5913만 달러를 기록했다. 수천 개의 기업이 도산하는 와중에 거둔 이 성공에 이어 삼성전자는 2000년에 47억 6000만 달러라는 사상 최고의 순이익을 달성했다. 이런 순이익 고공 행진을 구가하던 삼성은 적극적인 세계화 정책을 펼 수 있었다. 글로벌 한국 기업은 수만 명을 해고하며 흘린 노동자의 눈물 속에서 만들어졌다. IMF 위기는 대외 의존성을 강화해 준 시련의 시기였지만 재벌들은 세계경제 위기가 준 고통을 노동자에게 전가함으로써 세계화로 나갈 수 있었던 시기이기도 했다.

현대그룹도 마찬가지였다. 2010년 이후 현대자동차는 미국·브라질·중국·러시아·체코·터키·인도에 현지 생산 공장을 두고 생산의 글로벌 네트워크를 갖춘다. 그리고 그곳에서 전체의 52%를 생산한다. 매출도 급증했다. 중국·미국·슬로바키아에 생산 거점을 두고 있는 기아자동차의 경우 전체의 63%를 해외공장에서 생산한다.

완성차뿐 아니라 자동차 부품산업도 글로벌 생산 네트워크를 지니게 됐다. 일본(덴소, 아이신 셰이

키)과 독일(로버트 보쉬, 콘티넨탈)이 장악하고 있는 글로벌 자동차 부품 업계에서 LG화학이 6위, 현대모비스가 12위를 기록하고 있는데 현대모비스는 미국, 중국, 인도, 슬로바키아에 해외 공장을 두고 있다. 재벌이 생산 기지를 해외로 이전하는 까닭은 값싼 노동력 때문만은 아니다. 물론 그것도 하나의 중요한 이유이기는 하지만(체코 공장 노동자들은 기아차 노동자 평균 임금의 7분의 1을 받는다) 해외시장 점유율을 높이기 위해서이기도 하다. 해외 공장은 해외 판매 시장과 가깝고 어느 정도 사회간접자본을 갖춘 지역인 경우가 많다(이를테면 캄보디아의 경우 임금은 베트남의 절반에도 미치지 못하지만 전력 수급 문제로 공장에 전기가 끊어지는 경우가 많아 해외 공장 설립 여건이 좋지 않다).

재벌 경영진 입장에서는 해외 공장도 해외시장 점유율 확보를 위해 표준화와 노동 통제 강화, 낮은 보상 체계가 필수적이다. 기술혁신 주기가 6개월 정도로 다른 산업에 비해 짧은 전자산업에서 그 강도는 더 심하다. 사실 생산 공장의 해외 이전과 노동 착취는 전자와 자동차산업뿐만 아니다. 한국수출입은행·김현미 의원실·김영주 의원실 등의 자료에 따르면 대외경제협력기금EDCF(기획재정부와 한국수출입은행이 개발도상국 경제 발전을 위해서 만든 기금)은 2014년 말 기준 52개국에 총 337개 사업을 승인했다. 상위 5개국은 베트남·방글라데시·필리핀·캄보디아·스리랑카 등 아시아 국가들로 이들이 전체 사업의 절반 정도를 차지했다. 한국 재벌기업이 가장 많이 진출해 있는 지역은 베트남으로 삼성전자, LG전자를 포함해 4000개의 기업이 진출해 있다.

재벌기업들이 동남아시아에 진출하는 것은 한국과 가깝다는 지정학적인 이유에 더해 낮은 임금으로 많은 상품을 생산해서 중국과 동남아시아에 판매하기에 유리하기 때문이다. 삼성이 지난 2년 동안 베트남에 대규모 제조라인을 건설한 것도 이 때문이다. 중국 시안에 건설된 낸드 플래쉬 제조 공장과 베트남의 스마트폰 제조 공장은 투자 규모나 공급사슬에서 갖는 전략적 지위 면에서 삼성전자의 향방을 가늠할 만큼 대규모다. 특히 전 세계에서 가장 적은 공휴일 수, 장기간의 법인세 감면 혜택을 주겠다는 베트남 정부의 약속 등은 베트남 투자의 주요 요인으로 해석된다. 베트남 노동자의 월 평균 급여가 50만~80만 원 수준인 데다 법인세 감면 효과까지 고려하면 삼성전자에는 베트남 투자로 연간 9000억 원 이상의 비용과 세금 절감 효과가 생기는 셈이다. 분기별 영업 이익이 4조 원대로 하락한 상황에서 연간 9000억 원의 비용 절감은 삼성전자로서도 큰 부분이 아닐 수 없다. 베트남 투자를 삼성전자의 마지막 승부수라고 보는 시각이 있는 것도 이 때문이다. 그 결과 2011년 말, 2만 9000명의 노동자들이 박닌BacNinh 지역에 있는 삼성 공장들에 고용됐고 2013년 중반에는 그 수가 4만 명으로 늘어났다.

표4 : 삼성전자의 글로벌 공급사슬과 제조 공장 분포

4-1: 삼성 스마트폰 생산거점

국가	지역	생산대수	비고
한국	경북 구미	4000만 대	
인도	노이다	6000만 대	
중국	텐진 후이저우	1억1000만 대	
베트남	박닌성 옌풍공단	2억4000만 대	25억 달러 투자
	타이응우옌성 옌빈공단		20억 달러 투자
브라질	캄피나스 마나	5000만 대	

4-2: 삼성전자의 주요 글로벌 생산거점

생산품	TV	모바일폰	반도체	LCD
지역	중국, 멕시코, 헝가리	베트남, 중국, 한국	한국(기흥, 화성, 평택), 미국(오스틴), 중국(시안)	한국, 슬로바키아, 중국

• 출처: 삼성전자의 기업보고서(2010~2014)와 지속가능경영보고서(2010~2014)

    글로벌 공급사슬의 제조라인에서 삼성전자가 노동비용을 낮추는 방식은 두 가지로 요약된다. 첫째, 낮은 임금이다. 글로벌 공급사슬의 제조라인의 경우 베트남 공장의 평균 기본임금은 한 달 175달러 정도이고 초과 노동을 포함해 하루에 12~15시간을 일하면 250~350달러가 된다.(Huong, 2013 : 148) 이는 국내 제조라인 평균 노동자 임금의 1/7 정도에 불과하다. 둘째, 더 많은 시간을 착취하고도 더 적은 임금을 줄 수 있는 견습공 및 이주 노동자 고용은 삼성전자의 글로벌 생산네트워크 운영의 주요 전략 중 하나다. 전체 고용 인원의 약 50%가 견습공인 인도 노이다 삼성전자 공장이 그 사례 중 하나다. 이들은 하루 30분의 식사 시간을 강요받으면서 일한다.(Panimbang, 2013) 이 같은 저임금 장시간 노동

혹사는 삼성전자의 고수익 구조의 중요한 일부다. 스마트폰의 조립 비용이 전체 스마트폰 가격의 1%도 되지 않는 것은 잘 알려져 있다. 그럼에도 글로벌 공급사슬의 제조 조립라인에서 감시와 통제는 극단적이다.(김진희, 2014 : 228) 구타가 일상적이라는 2012년 중국노동감시CLW의 삼성전자 모바일 조립 공장에 대한 현황 조사 결과가 그 대표적인 사례다.

6. 주택난 해소를 위해 아파트를 지었을까?

삶을 상품화, 사영화하는 재벌

재벌의 문제는 재벌에 직접 고용돼 있는 노동자만의 문제는 아니다. 대한민국 사람 전체의 문제다. 이는 현재 우리 삶에서 가장 중요한 것 몇 가지만 살펴봐도 알 수 있다. 한국에 사는 사람들이 가장 많이 하는 걱정은 대체로 세 가지로 요약된다. 집 걱정, 자식 걱정, 건강 걱정이다. 언제 어떻게 집을 살까, 우리 아이가 공부를 잘 할 수 있을까, 내가 병에 걸려서 있는 돈 다 날리고 가족들 고생시키지나 않을까. 그런데 이 걱정을 이용해 돈을 벌고 사업 영역을 확장해 온 집단이 있다. 바로 재벌이다. 한국의 재벌은 한국 사람들의 걱정과 한숨에 기생하고 이를 확대하며 덩치를 키워 온 것이다.

1) 아파트, 그 콘크리트 더미의 족쇄

제일 먼저 이야기할 것은 아파트다. 아파트는 한국인의 대표적인 주택 양식이다. 아파트에 살고 있는 인구가 전체의 약 72%를 차지하니 실로 아파트 공화국이라 할 수 있다. 이 아파트의 광범위한 확산에서 일등공신은 재벌이다.

알다시피 재벌기업들은 한국이 아파트 공화국이 되는 과정에서 막대한 이익을 누려 왔다. 한국에서 아파트 붐이 일어나기 시작한 것은 1970년대 중반으로 민간 건설사들은 1975년부터 본격적으로 아파트를 짓기 시작했다. 이에 앞서 1972년 12월, 민간 건설사들의 국세, 지방세 전액을 3년 동안 면제해 주고 양도소득세를 비롯한 8개 세금을 감면해 주는 조치가 시행됐다. 여기에다 민영주택 건설 자금을 국고로 지원해 주고 도로나 전기 기타 설비도 지원해 주니 재벌의 아파트 사업은 그야말로 땅 짚고 헤엄치기였다. "우리 회사가 아파트를 지을 테니 전기를 놓아 달라"고 하면 한전이 가서 공짜로 전기를 놓아

주는 식이었다. 박정희 정권이 이런 파격적인 조치를 내 놓은 이유는 당시 주택난이 특별히 심각해서가 아니었다. 정부가 중화학공업에 매진하면서 자본을 만들려면 정부 소유의 땅을 팔아야 하는데 땅이 안 팔리니 건설사들이 땅만 사 주면 집 지을 세금을 안 받겠다는 조치를 내놓게 된 것이다. 재벌이 소유한 민간 건설사, 특히 현대건설은 정부의 특혜에 힙입어 압구정동 현대아파트를 짓기 시작했다. 아파트 공화국 역사의 시작이다.

아파트 공화국이 시작될 당시의 첫 노다지 시기에 삼성은 현대가 돈을 쓸어 담는 것을 안타깝게 지켜보아야만 했다. 삼성이 본격적으로 아파트 건설 시장에 뛰어든 것은 재벌 건설사들이 대규모 신도시 아파트 사업권을 따냈던 1989년~1993년이었다. 삼성도 작은 건설사를 인수해 재건축 시장에 뛰어든 것이다. 삼성은 이어 분당 신도시 개발 시장에 뛰어들면서 본격적인 수주 경쟁에 참여한다. 그 뒤 IMF가 지나면서 삼성은 래미안이란 브랜드 마케팅 신화로 재건축 시장의 최강자로 등장했다.

정부가 신도시를 급속하게 추진했던 것도 수도

권 주택난 해결이 목적이 아니었다. 중동 특수가 사라지고 난 뒤, 중동에 나가 있던 한국의 중장비들이 오갈 데 없는 상황이 되자 현대건설 같은 재벌 건설사들의 경영이 위태로워졌다. 이런 상황에서 200만 호를 짓겠다는 선언이 발표되자 중동에서 놀고 있던 장비와 인력들이 재가동된다. 재벌 건설사를 살리기 위해 신도시를 건설한 것이다. 굳이 아파트를 그렇게 많이 지어야 했던 이유가 있었을까? 인구 유입이 많아 용적률이 높은 주택이 대거 필요했던 것일까? 임동근 교수는 『서울 메트로폴리스의 탄생』이란 책에서 그렇지 않다는 증거를 조목조목 제시한다.

 IMF 뒤 아파트 건설에 관한 각종 규제가 풀리고 땅값이 상승하면서 아파트 가격 또한 수직 상승한다. 이 과정에서 재벌의 영토 통치가 더욱 본격화했다. 삼성과 롯데 등은 용인에 매입한 거대한 규모의 땅에 아파트를 짓고 분양에 열을 올렸다. 이 아파트는 신분당선 특수 효과를 누리며 아파트 버블을 크게 부풀린다. 그 결과 우리는 재벌이 조장한 중산층의 신화인 팰리스, 노블레스, 캐슬에 사는 게 괜찮은 삶의 전형이라는 믿음을 강요받게 됐다. '나는 재벌

브랜드의 아파트에 산다. 고로 나는 존재한다'는 이데올로기가 우리 삶을 파고드는 동안 재벌 건설사들은 대한민국 구석구석으로 영토를 확장했다. 의식도 하지 못하는 사이 우리는 재벌과 권력자들이 조장한 콘크리트 더미의 포로가 된 것이다.

2) 한국의 교육, 그리고 재벌

이제 우리 사회의 '그 망할 교육'을 이야기해 보자. 40대에 뒤늦게 아이를 낳아 이제 초등학교 1학년 딸을 둔 나는 엄마들의 원인 모를 공포심을 잘 알고 있다. 매 구절이 "무섭다 하오"로 끝나는 이상의 시 〈오감도〉는 명문대학에 못 들어갈까 봐, 입시 낙오자가 될까 봐, 성적이 오르지 않을까 봐, 입시 관련 정보에서 밀릴까 봐 불안해하는 한국 사회 부모들과 청소년들의 마음을 닮아 있다. 아이가 유치원에 다닐 때부터 부모들 머리는 '똑똑하고 공부 잘하는 아이로 키워야겠다'는 계획과 욕심으로 가득 차 있다. 그 덕분에 아파트 주변 건물들도 예체능 학원으로 넘쳐 난다. 언제부터 대한민국이 그리도 예술을 사랑했던가. 초등학교 3학년부터는 본격적으로 영어를 해야 하기 때문에 1, 2학년 때에 미술, 음악을 가르친다. 그래서 방과 후에도 아이들의 스케줄은 빡빡하다. 미술학원에 붙어 있는 '창의형 인재를 키우기 위한 디자인 감성' 등의 현란한 문구들이 부모들을 자극한다. 피아노를 비롯한 악기 교습이 아이들의 좌뇌와 우뇌를 자극한다든지, 피아노를 잘하면 수학을 잘할 수 있다든지 하는 광고 문구를 본 엄마들은 스케줄을 짜고 학원비를 계산하느라 머리가 지끈거린다. 각종 미술 대회와 음악 콩쿠르 일정들이 끝나면 학원 앞에는 어김없이 수상자 이름이 새겨진 대형 플래카드가 휘날린다. 미술학원 원장은 과학상상 그리기 대회 때 아이들이 그릴 그림의 구도며 색깔까지 하나하나 지정해 주고 연습시킨다. 콩쿠르 직전의 피아노 학원도 분주하기 그지없다. 입상을 위해 부모들은 적지 않은 출전 비용도 낸다.

사람은 나이가 들수록 자기만의 오락거리가 필요하다. 그림 그리기나 악기 연주는 나만의 오락으로 나쁘지 않다. 유아나 초등 저학년 때 무언가를 즐겁게 배우는 것만큼 평생의 즐거움을 위한 값진 투자는 없다. 그러나 이런 소박한 목적은 입시교육, 불평등한 사교육 시장에서는 뒷전으로 밀려날 수밖에 없다. 초등 3학년이 되면 본격적인 영어, 수학, 논술 과외로 아이도 엄마도 바쁘다. 1학년 때부터 수학 학원에 다니는 아이들도 많다. 중고등 학교로 갈수록 공부 잘하는 집은 잘하는 대로, 못하는 집은 못하는 대로 저마다 입시 지옥을 경험한다.

독서도 논술시험과 교과 연계를 위한 또 다른 과목이다. 아이가 자기 방에 불량한 자세로 편안하게 앉아 시간 가는 줄 모르고 명작을 읽으면서 희열을 느끼는 경험을 하기엔 부모의 마음이 너무 초조하다. 목적 없는 놀이가 창조의 동력이고 휴식이야말로 새로운 아이디어의 동력이라는 교육 전문가의 조언이 들어설 틈은 없다. 부모들은 빈둥거리는 아이를 보고 도무지 참지 못한다. 치열한 경쟁을 뚫고 안정된 직장을 거머쥘 미래를 위해 오늘은 희생되어야 하는 것이기 때문이다. 그러나 그 미래는 비교적 천편일률적이다. 뇌과학자인 김대식 교수는 한국인의 삶의 패턴을 이렇게 요약했다.

"우연히 만난 가족의 경제적 조건 아래 태어난다. (…) 막연히 중산층이라는 믿음을 가지고 산다. 조기

교육에 시달리고 영어, 수학, 국어, 태권도, 검도, 줄넘기, 그림, 논술 등 많은 것들을 배우지만 제대로 할 줄 아는 것은 없다. 언제나 바쁘고 피곤하다. 고등학교를 졸업하고 대학에 들어가고 대학을 졸업하면 결혼에 골인한다. 결혼을 했으니 아이를 가지고 낳은 아이는 곧장 학원으로 보낸다. 시간이 지날수록 자동차 엔진과 아파트 평수는 더 커져야 한다. 아무 이유 없이 그냥 그렇다. 철학을 전공하든 기계공학과를 졸업하든 결국 비슷한 옷을 입고 비슷한 일을 하다 60세가 되면 대부분 치킨집 사장이 된다. 그리고 조금 더 살다 죽는다."(김대식, 『빅퀘스천』, 2014, 43쪽)

재벌 얘기하다가 왜 갑자기 한국 교육에 대한 성토인가? 이 비극적인 한국의 교육 현실을 조장하는 데 재벌의 역할이 가장 컸기 때문이다. 재벌은 귀족학교에 자녀들을 보낼 뿐 아니라 직접 귀족학교를 운영한다. 삼성, 현대, 하나은행 등이 학교법인을 운영하자 기업형 학교가 확산되기 시작했다. 보통 학생이 받는 교육과는 차원이 다른 귀족 교육은 수많은 서민 자녀들과 부모들의 가슴에 무거운 돌덩이를 안겼다. 보통 사람들은 보통 학원에 다니면서 귀족학교나 자립형 사립고, 특목고를 꿈꾸지만 입학이 그리 쉽진 않다. 간다고 해도 이를 위해 부모들은 더 긴 시간의 노동을 감내해야 한다.

사실 재벌기업이 조장하는 장시간 노동의 굴레에서 자녀교육은 학원에 내맡겨질 수밖에 없다. 영국의 정치경제학자 존 스튜어트 밀은 아버지 제임스 스튜어트 밀과 매일 산책하고 대화하며 당대 최고의 학자가 되었다지만 이는 명문가 조기교육의 한 사례일 뿐이다. 존 스튜어트 밀과 같은 탈학교는 재벌 공화국 한국의 교육 현실과 너무 멀고 낯설다. 일단 한국의 대기업에 다니는 순간 아무리 능력 있는 아버지라 할지라도 제임스 스튜어트 밀처럼 할 수 없다. 야근과 회식이라는 쳇바퀴에서 벗어날 수 없어 아이들 얼굴 보는 것조차도 어렵기 때문이다. 정규직이든 비정규직이든 부모 중 한 사람이라도 장시간 노동에 노출돼 있다면 자녀 교육은 이미 절반의 실패로 돌아갈 가능성이 크다. 육아와 교육을 사교육 시장에서 해결해야 하는 전업주부의 스트레스가 돌고 도는 악순환 속에서 아이의 마음은 깊게 멍든다. 재벌이 만들어 재벌이 운영하고 재벌의 자녀가 다니며

부러움을 사는 귀족학교를 바라보며 사교육의 악순환은 확대 재생산된다. 게다가 한국경제에 지대한 영향을 미치는 재벌그룹들은 그 많은 사내유보금을 쌓아 놓고도 고용 창출에 인색하다. 그 좁은 취업문을 뚫기 위해 너도 나도 학원이다. 아파트 값도 주변 학원의 번성과 직결돼 있다.

중고등학교만 문제가 아니다. 재벌이 대학을 지배하면서 대학의 풍토도 달라졌다. 재벌이 대학과 각종 교육기관을 지원하거나 각종 협약을 체결하면서 당장의 결과물을 원하고 기업의 실용적 목적에 부합하는 내용을 강요한 탓이다. 최근 문제가 된 옥시 사태는 대기업과 대학에 존재하는 부당거래의 빙산의 일각일 뿐이다. 다양한 견해가 용인되어야 학문은 발전한다. 그러나 재벌기업의 입김이 미치는 한국의 대학에서는 시험 때가 아닌데도 책 삼매경에 빠지는 대학생들을 찾기 어렵다. 교수들도 마찬가지다. 학술지 논문 통과에만 매달려 강의 준비에 소홀하고 연구재단 프로젝트 쟁탈전의 승리에 연연하는 것이 한국 대학 교수의 자화상이다. 프로젝트를 운용해야 자기 제자들과 대학원생들도 먹여 살리면서 체면치레를 할 수 있다고 여기는 것이다. 일부 교수는 여기서 더 나아가 프로젝트를 일종의 자부심으로 여기면서 자기 성城을 쌓기 시작한다. 중소기업 사장 마인드가 따로 없다. 그러니 세상과의 소통도, 연구자들과의 소통도 제대로 될 리 없다.

 기업과 대학의 산학협력은 실적이라는 정량 평가를 강요한다. 그 위험에 노골적으로 노출된 것은 이공계다. 재벌기업이 채산성이 낮아 손대지 않는 위험한 실험들을 대학들이 떠맡고 있음은 공공연한 사실이다. 학계의 은폐된 정량 논리는 인문사회계도 마찬가지다. 누구나 배우고 싶은 것을 즐겁게 협동하면서 배울 수 있는 교육, 사회와 소통하면서 가르침의 질을 높이는 다양성이 보장된 연구는 이제 재벌 공화국 한국에서 오래된 미래가 되어 버린 것이다.

3) 메르스와 재벌, 그리고 의료영리화

 마지막으로 건강 문제와 의료 현실을 보자. 2015년 메르스 사태는 공공의료가 점차 사라지고 의료쇼핑이 일반화된 한국 의료의 폐해를 극명하게 보여 주었다. 재벌이 소유하는 병원이 바이러스 확산의 정점에 있었던 것이다. 질병 치료를 건강관리라는 광의의 개념으로 바꾸어 예방치료를 강화한다는 것이 나쁜 일은 아니다. 이를 돌봄, 요양, 예방 의학, 식생활, 사회적 질병까지 그 범위를 넓힌다면 더 바람직할 것이다. 그러나 삼성이 여러 방면에서 추진하고 있는 HT Health Technology 산업의 목표가 수익 창출 구조를 위한 더 큰 목표에 종속되는 것이라면 답은 간단하다. 돈 있고 여유있는 자들의 의료쇼핑은 다채로워지겠지만 의료비 부담은 더 커지고 의료복지 포기는 더욱 일반화될 것이다.

"영리병원, 원격의료, 건강관리서비스, 건강정보를 포함한 개인정보의 민간 활용, 줄기세포 및 바이오의약품 규제 완화는 박근혜 정부가 추진해 왔던 대표적인 의료민영화 정책들이다. (…) (이는) 돈벌이에만 혈안이 될 영리병원, 안전성과 효과성이 입증되지 않은 원격의료, 제약기업을 위한 의약품 안전 및 사용 규제완화 등은 기업에는 이윤을 보장해주지만 환자의 건강과 생명에는 치명적이다."

'의료영리화·민영화 정책'을 주요 방향으로 하는

박근혜 정부의 '서비스 발전 전략'(2016년 7월 5일 발표)에 대한 '건강권 실현을 위한 보건의료단체연합'의 논평이다. 이 논평은 이렇게 이어진다.

"우리나라의 재벌들은 보건의료를 '차세대 성장동력'이라고 본다. 그리고 이를 위한 의료영리화와 규제완화를 주장하고 정부도 이에 따른 정책을 지속적으로 추진하고 있다. 그러나 재벌들이 추구하는 것은 국민의 건강권이 아니라 더 많은 이윤일 뿐이다. 의료를 영리화하고 산업으로 취급하는 것은 국민의 주머니를 털어 재벌의 이익을 늘리는 정책일 뿐이다."

이미 미국의 좋잖은 정책과 제도들을 무작정 추종해 온 한국은 의료 부문에서도 미국의 나쁜 전철을 밟으려 한다. GDP의 15%에 달하는 천문학적인 의료비 지출에도 불구하고 미국인의 건강 수준은 경제협력개발기구OECD 국가 중 최하위권이다. 국민건강보험 가입률이 96%에 이르러, 미국보다는 훨씬 사정이 나은 한국도 이를 닮아 가고 있다. 건강보험료는 더 오르고 보장성 수가는 찔끔 오르거나 더 낮아져 삼성생명을 비롯한 사보험 쇼핑의 영역이 커지고 있다. 아직 사보험 천국인 미국 수준은 아니지만 관료와 재벌이 가고자 하는 길은 의료를 기업 이윤 확장의 터전으로 만들어 국민들을 골병들게 하는 길이다. 집, 교육, 의료라는 우리 삶의 가장 중요한 요소들에 이미 재벌의 숨결이 녹아 있다. 이제 어떻게 해야 하는가? 우리도, 우리의 자녀들도 이 선출되지 않은, 앞으로도 선출될 까닭이 없는 재벌 권력의 지배를 계속 용인해야 하는가?

7. 재벌 문제, 어떻게 해결해야 할까?
실상을 바로 알고, 다른 세상을 위해 연대하자

 재벌개혁은 단지 편법 탈법 경영에 메스를 가하는 것에 국한되어서는 안 된다. 그건 출발점일 뿐이다. 세습 형태, 소유 형태에 대한 문제 제기를 넘어서는 관점에서 보아야 재벌의 문제가 제대로 보인다. 그 동안의 재벌개혁은 1990년대 업종 전문화를 흉내 내는 수준에서 그친 것에 이어 2000년대 초 김대중 정부에서는 하나마나한 빅딜 수준에서 무마되었다. 이는 그 목표가 소유 형태의 개선에 머물러 있었기 때문이다. 이는 집에 도둑이 들어와 버티고 있는데 그 도둑을 쫓아내지 않고 '집 좀 깨끗하게 써라'거나 '리모델링은 왜 안 하나'라고 하는 것과 다르지 않다.

한국 자본주의의 한 특징인 재벌 지배에 압축 성장을 했던 한국적 특수성이 녹아 있는 것은 맞다. 재벌 경영이 한국 경제의 강점으로, 일부 시장주의자의 예찬을 받은 것도 사실이다. 하지만 이런 식의 편법 불법 세습경영을 다른 세계의 대기업집단이 추구하진 않는다. 재벌이 이룬 대부분의 성과들은 재벌에 고용된 한국 노동자들의 뇌와 힘줄에서 나온 것이다. 재벌이 기록한 거대한 수익도 차별에 상처받고 눈물 흘리는 정규, 비정규 노동자들의 희생이 아니었다면 불가능했다. 재벌의 중소기업에 대한 수탈 과정에서 덩달아 희생을 강요당한 노동자들이 아니었다면 재벌은 사업 규모를 유지하지도 못했을 것이다. 외국인보다 더 비싸게 삼성 갤럭시를 구입하고, 현대 자동차를 타고, LG TV를 구입하며 재벌 유통업체를 이용해 온 보통 사람들이 없었다면 한국 재벌은 단 하루도 연명하지 못했을 것이다.

그러나 한국의 재벌은 소비자에게 고마워한 적도 없었고 노동자에게도 존경을 표한 바도 없었다. 특히 노동자를 끝없는 경쟁의 전선으로 내몰아 뇌와

영혼과 육체를 혹독하게 소비하게 하다가 채산이 맞지 않으면 가볍게 폐품 처리한다. 이 땅의 빛나는 인재들이 재벌에 의해 그렇게 소모되고 방전되어 온 것이다. 그럼에도 이들은 1000조 원이 넘는 천문학적인 사내유보금을 쌓아 놓고도 곳간 문을 열지 않는다. 현대중공업 총수인 정몽준이 최근 10년간 받은 주식배당금이 2795억 원이나 되는데도 8000명이나 되는 2차 하청노동자부터 해고하는 것이 재벌의 속성이다.

"자본주의는 인간의 욕망과 경쟁을 사회 발달과 경제 진보의 동기로 보지만 대안 경제에서는 대개 인간의 도덕성, 공동체 의식, 평등 지향 등 영적 각성에 주목한다. (…) 자본가 군상의 과거는 그들이 이룬 유형의 자본으로만이 아니라 무형의 역사적 영욕으로도 연속되고 기억되고 있다."

오미일 박사가 『근대 한국 자본가들』이라는 책에서 한 말이다. 과연 재벌의 현재는 한국 자본주의의 아름다운 과거로 연속되고 기억될 수 있을 것인가? 대답은 '전혀 아니요'에 가깝다. 그렇다면 이런 재벌천국 서민지옥을 우리 아이들에게 물려주어야 할 것인가? 이에 대한 우리의 대답은 '아니요'가 되어야 한다. 대안이 뭐냐고 묻는다면 우선은 이렇게 말하겠다. "재벌의 실상을 바로 알려 '아니요'라고 말할 수 있는 사람을 더 많이 생겨나게 하고, 다른 세상을 위해 함께 연대하자!" 물론, 이 작은 책을 쓰는 것도 '아니요'라고 말하는 사람과 더불어, 다른 세상을 만들려는 작은 노력의 하나다.

인용 도서

그로스만, 엘리자베스. 2008. 『디지털 쓰레기』. 송광자 옮김. 팜파스.

김대식. 2014. 『김대식의 빅퀘스천』. 동아시아사.

김상현·김성문·박선주. 2008. 「R&D 인력의 직무특성과 개인-직무 적합성이 직무만족, 조직몰입, 이직의지에 미치는 영향에 관한 연구」. 『연세경영연구』 제45권 제1호(통권 제86호).

김성희. 2012. 『먼지없는 방 : 삼성 반도체 공장의 비밀』. 보리.

김용철. 2010. 『삼성을 생각한다』. 사회평론.

김종영·김희윤. 2013. 「'삼성백혈병'의 지식정치 : 노동보건운동과 현장 중심의 과학」. 『한국사회학』 제 47집 제2호. pp. 267~318.

김진희. 2014. 「21세기 디지털 시대의 현주소 : 삼성전자 여성 노동자들과 노동권의 실종」. 『위기의 삼성과 한국사회의 선택』. 후마니타스.

노가미다카시. 2009. 『일본 반도체 패전』. 임재덕 옮김. 성한당.

라신스키, 애덤. 2012. 『인사이드 애플』. 청림출판.

류성민. 2014. 『삼성의 성과주의 임금, 문제는 없는가? : 근로시간 및 임금격차를 중심으로. 위기의 삼성과 한국사회의 선택』. 후마니타스.

마르크스, 칼. 2006. 『경제학 철학 수고』. 강유원 옮김. 이론과 실천.

_____. 2005. 『자본론 1(하)』. 김수행 옮김. 비봉출판사.

박기주 외. 2014. 『한국의 중화학공업화와 사회의 변화』. 대한민국 역사박물관.

박상인. 2016. '재벌세습 : 폐해와 해결방안. 재벌의 탈법 편법 경영세습 문제와 대안 토론회 발제문'.

박우성·이병하. 2003. 「삼성전자 보상제도의 변천과정과 시사점」. 『KBR(구 경영교육연구)』. 6권 2호. pp.148-166.

박종태. 2013. 『환상-삼성 안에 숨겨진 내밀하고 기묘한 일들』. 오월의 봄.

브라운. 필립. 로더. 휴. 애쉬턴. 데이비드. 2013. 『더 많이 공부하면 더 많이 벌게 될까』. 이혜진·정유진 옮김. 개마고원.

서재진. 1991. 『한국의 자본가 계급』. 나남.

스미스. 테드. 2006. 『세계전자산업의 노동권과 환경정의』. 공유정옥·김승섭·김승현 옮김. 메이데이.

스미스, 아담. 2003. 『국부론(상)』. 김수행 옮김. 비봉출판사.

오미일. 2016. 『근대 한국의 자본가들』. 푸른역사.

임동근·김종배. 2015. 임동근. 『메트로폴리스 서울의 탄생』. 반비.

이승협. 2008. 「삼성의 신경영과 강제된 동의 : 헤게모니적 인적 자원 관리와 조직 몰입」. 『우리는 왜 삼성을 묻는가?』(조돈문·이병천·송원근 엮음). 후마니타스.

장대업. 2008. 『아시아로 간 삼성』. 후마니타스.

장혁준, 남기석, 2012. 혁신을 통한 한국 반도체 산업의 일본 추월 메커니즘 사례. 한일경상논집. 제56권 pp.93-110.

커밍스, 브루스. 1997. 『브루스 커밍스의 한국 현대사』. 창작과 비평사.

한국직업능력개발원. 2005. 「반도체 설계엔지니어 직무분석」. 한국직업능력개발원 연구자

Asia Monitor Research Center. 2013. Labour Rights in High Tech Electronics : Case Studies of Worker's Struggles in Samsung Electronics and its Asian Supplies, AMRC.

Au, W. 2011. "Teaching under the new Taylorism : high-stakes testing and the standardization of the 21st century curriculum". Journal Of Curriculum Studies, 43(1), 25-45

Bacon, D. 2011. "Up Against the Open Shop-the Hidden Story of Silicon Valley's High-Tech Workers". Truthout.

Caffentzis, G. 2005. "Immeasurable Value? : An Essay on Marx's Legacy." The Commoner. 10, pp.87-114.

Ford D. 2011. "Intel reasserts semiconductor market leadership in 2011". El Segundo, CA : iSuppli Corporation; 2011.

Fuchs. C. 2014. Digital Labour and Marx. Routledge.

Hille. K and Marsh. P. 2005. 'Brand-new future for component maekers'. Hira, Ron. "Tapping Talent in a Global Economy : U.S. Workers in a Global Job Market." Issues in Science and Technology 25, no. 3 (Spring 2009).

Huong. Ngo. 2013. "Mapping the Supply Chain of the Electronics Industry in Vietnam". Rights in High Tech Electronics : Case Studies of Workers'Struggles in Samsung Electronics and its Asian Suppliers, AMRC.

Inah. Kim. Hyun. J. Lim3. Jungok. Kongyoo. 2012. "Leukemia and non-Hodgkin lymphoma in semiconductor industry workers in Korea". International Journal of Occupational and Environmental Health 2012. VOL. 18 NO. 2.

Kantor, J and Streitfeld, D, 2015. "Inside Amazon : Wrestling Big Ideas in a Bruising Workplace", The New York Times, 2015. 8.15

Lanigan, Charles. "From Assembly Line to Just-in-Time : Preparing a Capable Workforce for the Knowledge Economy". CIO. CIO. Retrieved 18 May 2015.

Lund, J., & Wright, C. 2001. "State Regulation and the New Taylorism : The Case of Australian Grocery Warehousing". Relations Industrielles, 56(4), 747-767

Panimbang. F. 2013. Labour Rights in High Tech Electronics : Case Studies of Workers' Struggles in Samsung Electronics and its Asian Suppliers. Asia Monitor Resource Center.

Parenti, C. 2001."Big brother's corporate cousin : high-tech workplace surveillance is the hallmark of a new digital Taylorism". The Nation, 273(5), 26-30

Pellow, David Naguib, and Park, Lisa Sun-Hee. 2002. The Silicon

Valley of Dreams : Environmental Injustice, Immigrant Workers, and the High-Tech Global Economy. New York University Press.

Stalk, G. 1990. Competing against time. Free Press.

Wood, S. 1987. "The Deskilling Debate, New Technology and Work Organization. Acta Sociologica"(Taylor & Francis Ltd), 30(1), 3-24.